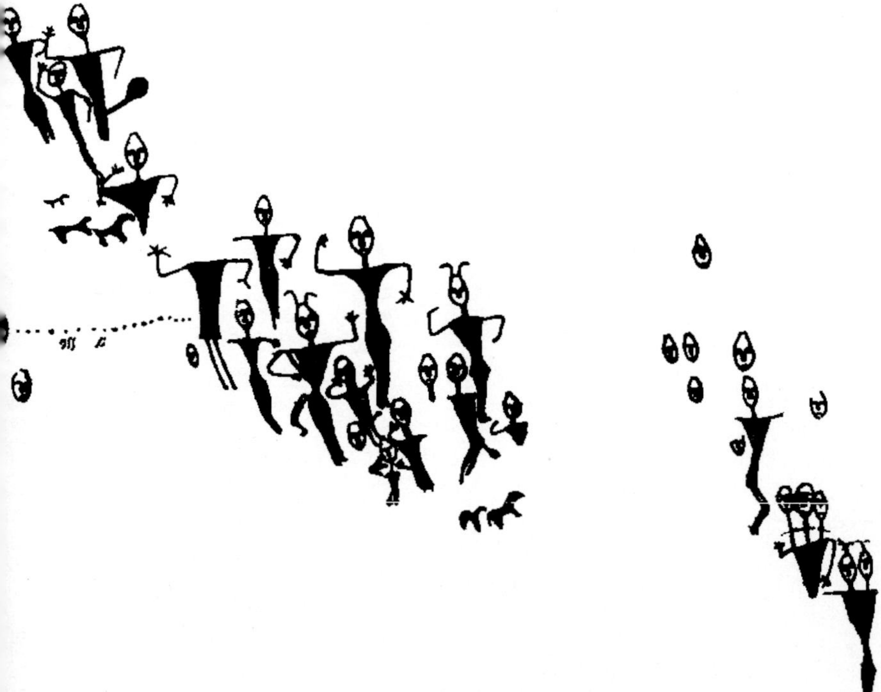

原始思维化石

——呼图壁生殖崇拜岩刻

王炳华　著

商務印書館
创于1897　The Commercial Press

2014年·北京

图书在版编目(CIP)数据

原始思维化石：呼图壁生殖崇拜岩刻／王炳华著．—北京：商务印书馆，2014
（丝瓷之路博览）
ISBN 978－7－100－10531－6

Ⅰ．①原… Ⅱ．①王… Ⅲ．①繁殖－崇拜－岩画－研究－新疆 Ⅳ．①B933②K879.424

中国版本图书馆CIP数据核字(2013)第318321号

原始思维化石
——呼图壁生殖崇拜岩刻
王炳华 著

商 务 印 书 馆 出 版
（北京王府井大街36号 邮政编码 100710）
商 务 印 书 馆 发 行
北京画中画印刷有限公司印刷
ISBN 978－7－100－10531－6

2014年2月第1版　　开本 880×1230 1/32
2014年2月北京第1次印刷　　印张 5 3/4

定价：36.00元

引 子

弹指之间，已经步入了晚年。回顾一生，在50多年的新疆考古生涯中，大都是十分平淡、平常的行脚，也虚掷过不少的光阴。许多事情，今天再想，都每有不堪回首之感。但是，在大量的平常岁月里，也曾有过一些让人激动、光彩闪烁、甚至有希望可以留存后世的事情。比如，偶然中发现的呼图壁生殖崇拜岩画，应该就算是这样的闪光点之一。

我是20世纪30年代生人。50年代接受的大学文科教育。经过长久岁月的灌输，步入工作后，有一个思想观点，可以说是沁入骨髓的。这就是劳动不仅创造了人类自身，而且是社会进步、发展的核心动力。工具进步、生产力提高，进而社会前行。劳动、生产以及与之密切关联的种种矛盾、斗争，是社会发展的原动力。人类思想、文化、诸多观念形态，以至文学、音乐、舞蹈、绘画……一切的一切，原始的推动力，是无不与物质生产劳动关联，受其驱动，为其服务的。

这自然是思想文化之重要源头。只是作为生物人，生存发展中并不只是劳动、吃饭一端的。为种属之发展，天性中就还存在对异性的追求。作为高级生物、万物之灵，在这一天性开展过程中，就有过极富智慧的闪光，在原始哲学、原始宗教、文学、艺术……中留下的不少描述，就是与此直接关联、而与劳动并不相涉的。今天的读者，尤其是年青一代的读者们，可能会讪笑我们这辈人思想曾经的贫乏。但这就是我自己，可能也是那个时代的小知识分子们的真实思想面目。

1987年夏天，偶然的机缘，我步入了新疆天山脚下的小县呼图壁。午饭桌上，偶然接触到呼图壁县地名办公室李世昌主任。闲聊杂谈中，听到他说在天山深处曾见过一幅巨大的以人物为主体的岩刻画。这自然是与普通动物岩刻异趣，也是考古工作者应该关注的文化遗存。言者无意，听者有心，我敏感的专业工作神经立即进入兴奋状态，随即邀请李世昌做向导，进入了天山深处人迹罕至的康家石门子。苍天不负苦心人，还真找到了一处满布人物的岩刻遗存。山体陡峭，直刺蓝天。岩刻画在厚积沙尘下，高悬头顶。光怪陆离的形象，只感到人物在舞蹈，却一点也抓不住画面的真谛。骄阳西下，天色向晚，不能多留，在匆匆摄影后，我们连夜赶回了乌鲁木齐。此后，照片铺陈在办公桌上，可以不时扫视两眼。总有几个月的品味、捉摸，有一天，我灵光一显突然捕捉到了这区岩刻与生殖力祈求的关联。循此思路追索，真还渐渐明晰：岩刻画面确是原始先民祈求强大生殖繁衍能力的历史记录，表现着他们的真诚祈求。画面十分朴素、纯真，不加遮掩，更没有一点羞怯，真诚歌颂着裸体女性形体的秀美，歌颂男性生殖器伟岸、有力，表现了两性交合的自然、神圣，子嗣繁衍成功后的欢乐。他们为此欢歌、劲舞，热烈、欢乐的气氛至今似乎还满溢在冰冷的岩石峭壁上，成为了不能磨灭的史页。没有疑问，这是全新的、既往未见的原始思想文化史的篇章！在捕捉到岩画的这一思想灵魂后，那种心情真可以说是茅塞顿开。一股清新的、强大的文化思想冲击力扑面而来，迅捷撞击、颠覆自己长期受禁锢的苍白、贫乏的灵魂。常年乱翻书中留下的形形色色的文字，宗教的、哲学的、文学的、艺术的关于人类源起、生命存续的叙说竟纷至沓来，涌入脑际，不少似乎都可以与这一岩刻画的灵魂互相激荡！冷静几天后，渐渐明确的思想是：表面看这是值得珍视的原始先民对自身生殖能力的追求；更深一点分析，可以肯定，它是在原始社会特定时段里的思想信仰，是当年社会生活中最核心、最强大的观念。曾在原始宗教、哲学、文学、艺术领域中，投射过无可估量的重大影响！这岩刻，当之无愧，可以称为原始思维的化石，是并未清楚见之于相关文献记录的人类最早期的原始思想史的珍贵篇页，是值得投入大力量，进行认真开掘的一处原始文化矿藏，弥足珍贵！很快，我立即有了再上天山深处，虔心礼拜这区圣石的决定。于是，我第二次进入了呼图壁的康家石门子。

在这本小书中，我将朴素介绍这区岩刻的发现过程，自己的认识过程，也将努力介绍个人已经初步领悟到的它内涵的方方面面。个人所知有限，但完整、不作任何掩盖的介绍全部资料，却是没有问题的。本着这一初衷，我当年曾决心一定做到将这一文化矿藏完整、全面铺展在世人面前。这样做，我坚信在不同学科领域中前行的读者们，都有可能在这里找到自己似曾相识、或多或少存在关联、对个人也会有所滋养的历史文化素材。因为，人类思想文化史是一个历史发展的过程。而这处岩刻画，虽只是源头处有幸留下的迹痕，它的历史文化营养价值却是不能轻估的。这样做，就有望使这一有幸存留到今天的呼图壁原始社会时期生殖崇拜岩刻矿藏能为更多人了解、享用。能如此，余愿足矣。

1987 年发现了这一岩画遗迹。1988 年，有了“生殖崇拜”这个概念。我夫人王路力当年在新疆社会科学院编辑部管理图书资料，于是常有平日难见的，如社会科学界内部交流的，未定书稿（当年不少大文先是内部刊印，并不直接见于书肆的），成为了我可能一睹的资材。“生殖崇拜”这一概念就得自这一机缘。岩刻认识过程中，曾得到不少友人的支持。1988 年秋，在呼图壁县还召开了一个规模很小，只不过二三十人的，但意义重大的讨论会。许多学者从原始思维、文化史、艺术史、民族史角度提出了有价值的观点。《人民日报》《光明日报》等许多报纸，以大量篇幅对这一发现向全世界进行了报导。当时，这些报导引起了外界的强烈反响。法国、德国、日本、韩国不少同行后来曾面告或函达他们对这一发现的肯定，表示了要在各自国家和学术领域介绍这一发现的愿望。但当年的研究条件与今天还真是无法相比。呼图壁岩刻既属如是珍贵的文化刻石，化为专著应当不难。但事实是，当年要印一本书，太不易。直到1990年，才贷得7万元，在文物出版社出版了《天山生殖崇拜岩刻画》一书。而如今，商务印书馆的友人们，却主动承担书稿的出版任务，希望向世界更好介绍这一史迹的真实面目。前后不过20年，我们国家的经济、文化发展，真是相当迅猛。

“生殖崇拜”这一概念涉及早期原始社会的观念，涉及人的自身生产。当年就这个问题展开分析，一些友人还曾好心劝我要谨慎，涉及人口、阶级斗争，不要说犯忌的话，等等。现在回过头来看，这自然也是过虑的。

关键在于，“生殖崇拜”、“生殖崇拜文化”，对我们中国人，当时还是一个颇为陌生的概念。这是学术界长期思想禁锢的结果。

其实，早在20世纪20年代，就曾有一批中国学者对古代存在的生殖崇拜观念进行过探讨。郭沫若在他完成于1929年的考古名篇《释祖妣》一文中，就曾通过对甲骨文考释，揭示过这一文化奥秘并作出明确结论：“故生殖神之崇拜，其事几与人类而俱来。”古文字中被视为男女祖先的相当神圣的“祖妣”二字，本源就是男女的生殖器。闻一多在论及中国古代文化的核心及社祀的性质时，也明确揭示过祈求生殖、子孙繁衍曾是社祀的核心之一。在古文献记录、出土文物及民俗资料中，可以说明这一问题的材料，也是触手可及。《易经》《道德经》等许多经典中，也没有回避过谈两性、谈人的孕育、生殖，视它为世界、生命的本源。只是宋、明以后，在封建思想的桎梏下，却渐渐把这一与人类自身及社会发展关系甚大的课题视为与风化相关、不雅而讳莫如深。在久长的历史年代里，封建文人们自觉地避开这一话题，即使古代典籍于此有所涉及，也都得不到阐发及正确说明。这些都是不争的事实。民主革命以来，扫荡封建思想，把这一与人类自身发展密切关联的问题提到科学研究的殿堂上来，本是情理中事；但长期笼罩在学术界的诸多禁忌，却又使得学术工作者视此为禁区，不愿涉足或不敢踏入雷池。这一十分不正常的局面，直到最近数十年，才有了一个较大的转变。

生殖崇拜，曾是人类历史上原始社会阶段占主体地位的一种观念形态。它不是一些人想象中的性追求、性享乐，而是面对原始人自身生存、发展，面对原始氏族、部落生存、发展时出现、产生的一种十分严肃的思考。自从人类出现在这个世界，一是劳动、吃饭，二是后代的生殖、繁衍，始终就是人类面对的最主要的问题。只是这个问题在原始社会时期显得尤其迫切、重大。社会生产力低，人们知识未开，为了生存，求得衣、食，必须终日忙迫、奔走。在种族繁衍这个任务前面，也存在受孕无法把握、婴幼儿成活率低、社会平均寿命低等一系列问题。在这样的背景下，寻求较高的生育率，寻求氏族、部落人丁兴旺，以适应生产矛盾、社会矛盾的需要，就成了必须面对的重大社会问题。我们的祖先，对此曾十分关注并努力思考解决之道。在苦苦求索中，奠基在皮相的观察上，世界各地、不同种族，不同民族，在人类文明的幼年期，都曾出现过对女阴、男根、两性媾合形象的崇拜。旧石器时代的欧洲，考古学家们曾发现大量极度夸张的、与女性孕育功能关联的丰乳、隆腹、肥臀的女性雕像，被尊称为“维纳斯”；我国辽宁红山文化遗址中发现的红陶女神像，特别着意表现女性乳房、鼓腹、阴部，也是同一文化精神，被人们称为“地母”。继此以后，全世界范围内又普遍见到了男性崇拜的灵物——石祖、木祖；在埃及、印度，于神圣的宗教殿堂中，随处随地、更大量、普遍雕刻着男女交欢的场面。这些场面坦然、直白，没有丝毫羞怯。在世界各地，尤其是处于后进状态的民族，在他们有关两性生活及生育子嗣的种种习俗、禁忌中，也都能捕捉、寻求到一个与此相近、相同的精神内核，这就是对生育子孙、繁衍种族的极度重视与关心。古代中国的中原地区，保留在汉文典籍中一些习俗，如驰祖、祭社，上巳节等，也都是与对生殖力追求、崇拜密切关联的。

现在，关于生殖崇拜文化的研究，在中国已成学术界相当关注的一个课题。时间虽不长，也已取得一批研究成果。呼图壁康家石门子古代生殖崇拜大型岩雕刻画面的发现，不仅仅是印证、说明了生殖崇拜观念在远古时期的存在。而且显示着它在原始先民心目中无可比拟的重要地位，可以当之无愧的称得上是它们当年精神生活的中心、核心。岩刻画面，虽辟处深山、高悬峭壁，近三千年前的古代先民认真、严肃追求人类自身生产的愿望及一丝不苟的实践活动，都通过当年的雕刻，凝固在了天山的岩石之上。因为交通不便，又高悬在距地面 10 米的峭壁，使它避开了后人的润色、增删，处处显示着当年人们的朴实、纯净。这较之任何古朴的文字，都更为明白、清楚地显露出当年人们的思想内涵。观察现存的画面，分析它存在的环境，我们可以发现，古代天山子民追求子孙繁衍的信仰及实践，不仅和古代黄河流域、中原大地曾经有过的生殖崇拜礼俗有那么多的类同，甚至一致之处，而且和古代印度、伊朗等外部世界也有它相通、相连之迹痕。生殖崇拜观念曾是远古先民观念形态中一种普遍的、重大的存在，曾因此而影响及他们的宇宙观、人生观、艺术生活实践、世俗生活习俗等许多方面。对古代文化的孕育、发展产生过重大而深远、多方面、多角度的影响。

随着社会发展，当年曾活跃在天山深处的古代先民已逐渐消失在历史的长河之中。在他们的精神文化世界中，曾经具有重要地位的这区岩雕刻画，随着岩雕前面经常闪耀光焰、熊熊燃烧祭火的慢慢熄灭，也逐渐被他们的后代子民所遗忘。我们今天据画面本身与考古学、民族学、文化人类学、原始巫术与宗教、原始思维等学科已有研究成果相结合，当然可以深入一步认识到许多方面的新问题，对原始社会的思想文化史获取更具体、更清晰也更深刻的了解；但同时也可以肯定，我们今天通过现有的认识手段所能得到的这些认识，比起当年我们祖先在创作这区岩雕刻画面过程中所寄寓的多方面的信念、追求，会是远远单薄、缺失、甚至显得黯然失色的。在这本小书中，笔者力求做到完整地介绍20世纪80年代刚刚发现时的资料。至于对它们的分析、认识，可以肯定，随着更多学科的研究者们介入这一重要的原始艺术遗迹的研究工作，较笔者目前的认识、理解，他们的研究成果会有望更为丰富、更加深刻、更趋完满，得可能一步步接近历史的真实。呼图壁岩刻在人类思想文化史方面的价值，自然能得到更好的阐发。从而使它在丰富我们的文化素养、建设社会主义精神文明的宏伟事业中，发挥有益的作用。

还有一点，也并不完全是题外话，所以也在这里稍费一点笔墨。在天山深处新发现的这处岩刻遗址，作为国内少见的古代生殖崇拜文化遗存，不仅典型而生动，且规模空前。在世界，与此相当的遗迹，似乎也未见发现。从这一角度观察，它的科学文化价值是无法轻估的。可以说，它不仅是中国，而且也是全人类思想文化宝库中的瑰宝。数千年来，在风侵雨蚀之下，它能大部保存完好，这实在是一大幸事。但同时，细心的读者通过有关图版也可以看到，有相当部分岩刻画面已经程度不等的被侵蚀，而漫漶不清。相当地段，画面上已为厚厚的粉尘所掩覆，或为水渍污染。保护、加固这一遗迹，防止岩刻画面遭受进一步的侵蚀破坏，使这一珍贵的史迹能长留在人间，在建设人类的精神文明、提高人类的精神文化素养方面发挥积极的作用。这既是我们完全应该，也是责无旁贷的历史责任。呼图壁县，新疆地区从事考古及文物保护的学者们，对此怀有充分的热情，感受着自己的责任，并希望在这一深具普世价值的工作中，能得到社会各方面的支持和帮助，以完成保护人类文化瑰宝这一崇高的使命。

这本小书还有一个特点，它不是奠基在前人著述基础上的论著，不是从那本书到这本书，籍书写书，而是以呼图壁存在的岩刻及大量相关考古文物遗存为根据，吸纳各种民俗资料梳理、分析、提炼的一些思想。观点可以讨论，资料却是具有特色，别显优势的。但愿这本小书因此会得到珍视。因为相关资料是可资利用、甚至可以进一步剖析的文化资源，是不能轻忽的精神财富。

希望这本小书能在净化人们对至圣至神的人类生殖文化的认识、感悟中，发挥有益的作用，能在社会精神文明的建设中发挥一点好影响，希望能使关心这一课题研究的读者们有所获益。

作 者

2012 年 10 月，乌鲁木齐 天山脚下

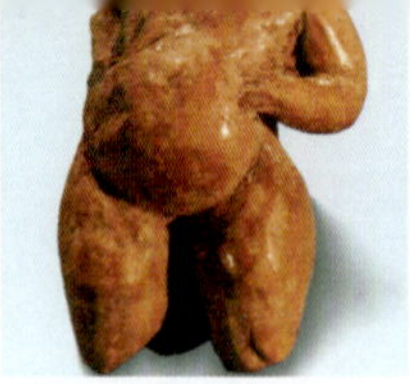

目录 CONTENTS

第一章
呼图壁生殖崇拜岩刻画

第二章
生殖崇拜，是早期先民精神文化的重要核心

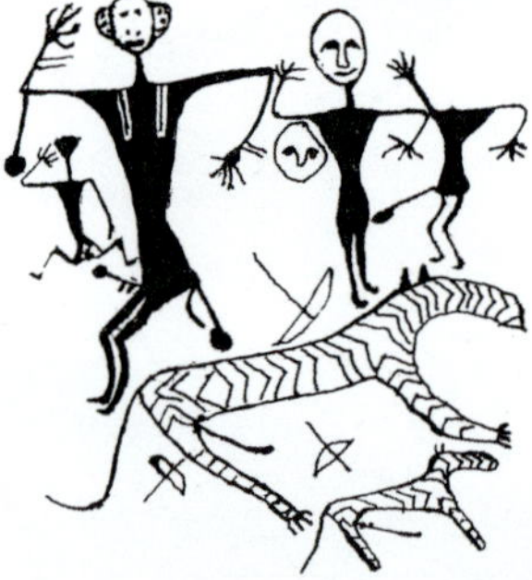

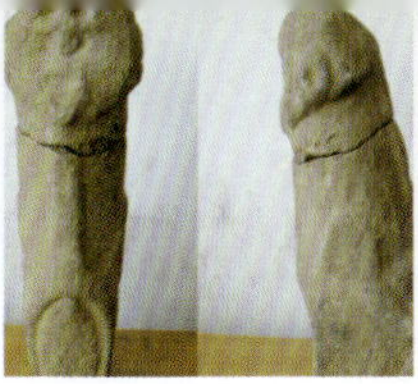

第三章

生殖崇拜——一个古老而神圣的信仰

第四章

康家石门子遗存原始思维面面观

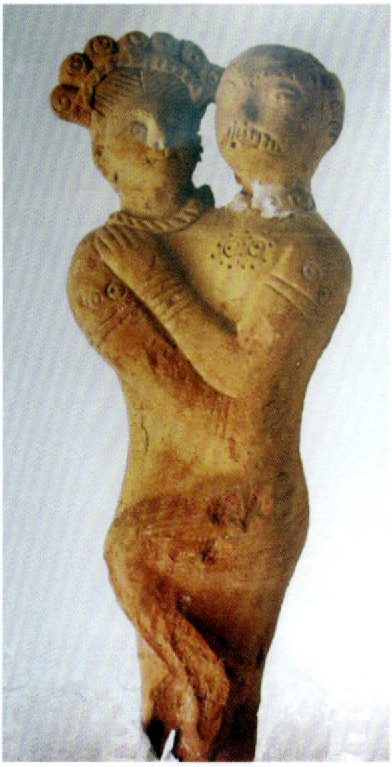

第五章

画里画外觅史踪

第一章

呼图壁生殖崇拜岩刻画

呼图壁，神秘的西北小城，曾是察合台汗国的水草丰美之地，是蒙古骑士们策马扬刀的奔驰之野，人们赋予它美名，意为“吉祥”。红山，绮丽迷人的丹霞地貌，变幻莫测的五彩大地，令人神思遐想，魄动魂飞。就在这远离尘世嚣攘的世外之地，古远先民们留下了悸动的灵魂之画，千百年来，不断地乞求生命力量的繁衍连绵。鲜明的色彩，悸动的线条，强烈的划痕，正是人类最原始的圣洁的庄严的愿望——渴求子孙繁衍，部落人口昌盛。三千年时光荏苒，磨灭不了岩刻画后迸发出来的强烈呐喊。

一 刻石所在的呼图壁

认识呼图壁生殖崇拜岩画，须先大概了解它所在的呼图壁县。

呼图壁，这个背依天山、面对准噶尔荒原的小县，对新疆以外广大地区的人们来说，可能还是比较陌生的。其他不说，只说用汉语标音的县名“呼图壁”，一说出口，就立即会令人感到有点神秘，不同于寻常：它用的是汉字，但却并不能直接通过汉字意涵索解它的历史、地理、人文特色。为了解、认识、巡礼呼图壁大地上这处重要岩刻，我们从追寻呼图壁的历史开始。

我国是一个种族多元、民族众多的国家。华夏民族就如众流归海，是一个汇融、吸纳了许许多多古代族群而形成的实体。“呼图壁”在一定程度上，就可以帮助我们深化对这一民族历史殿堂的认识，所以，可以为此费点笔墨。

在考古学家的脚底下、心目中，早就感知、认识到，呼图壁这块美好的土地，和新疆其他地区一样，是一块很早就有人类活动、生息，早就得到开发、建设的土地。在这里，考古工作者曾经见到闪耀古代人类文明光辉的彩陶残片和磨制的石器。公元前 1000 年以来，以新疆北部地区为舞台的塞人、月氏、乌孙、匈奴、车师、汉、突厥、回鹘、回、契丹、蒙古、满等古代民族，也曾在这里留下过自己的足迹。但是，文献记录上可以直接追寻到的“呼图壁”的历史，可真是说不上久远。有学者考证，在用古于阗文书写，成书于公元 925 年的于阗文《唐古特之路记游》中见到过“kautabai”这个词。它的音读，实际与元代汉文史籍中见到的“古塔巴”，是相近、相同的，也可以说一个词的同名异写。细心的读者，不需要更多的语言、音韵学的知识，立即就可以发现，这“古塔巴”和今天“呼图壁”这个汉音地名，确实又是近同、相通的。这十分有限的资料，就是目前在文献上追寻到的有关“呼图壁”这一名称最早的历史消息。根据这个线索，探求“呼图壁”的历史消息，人们可以得到的最简单概念是：在唐代，在通行于塔里木盆地南缘于阗文中，既然已有“kautabai”这个语词，说明古代于阗王国的居民（主要成分之一就是塞人）可能与这片土地存在着关联。13 世纪后，呼图壁这块水草丰美的土地，是察合台汗国领地，成为了跃马挥戈的蒙古骑士们理想的家园。建立大一统的元朝后，这里归属元朝属下的“别失八里行尚书省”。进入明朝，这片土地被译称为“苦塔巴”，是蒙古卫拉特的牧地，似乎带上了一点劳动人民蒙受苦难的历史印记。入清朝，称这里为“呼图克拜”，与今天的汉语译称“呼图壁”不仅音读，而且遣词用字已基本相同了。

从上面介绍的“呼图壁”这一语词的转化过程，可以推想它的含义，应该从塞语、蒙古语中去寻求。大概也可以想见它包含了曾经在这片土地上居留、彼此融合、渐趋一家的各不同民族群体的血脉。清代历史、地理学者徐松，正是根据这一点，指出“呼图壁”，出自蒙古语，意思是“吉祥”。实际寄寓了当年这片土地上的蒙古主人对它美好深沉的热爱感情。

在骑马民族心目中，这片东西宽 40 公里、南北长 263 公里，总面积达 1 万平方公里的土地，确实说得上是“吉祥”美丽，让人满意的。它的南面是天山山区，面积差不多占全县的三分之一。高山积雪、终年不化。山阴陡坡，松树、榆树、杨树遍布，草场连片。在高山雪岭、林莽草丛之中，出没马鹿、雪豹、熊、野猪、黄羊、野驴、狼、狐、野兔、雪鸡，以及各种奇花异草，多种药用植物。牧草茂盛的高山草场，是马、牛、羊的生存乐园，也是天然的饲料基地。雨水丰沛，年降水量可达 540 毫米，林木、草被可得充足的营养。中部是冲积倾斜平原，面积差不多接近全县总面积的一半，海拔高度在 460 至 700 米之间，年降水量有 160 多毫米。这里目前是全县主要居民生息、活动的地区，也是主要的农业生产地带。小麦、水稻、玉米、油葵以及国内外享有盛誉的西瓜、甜瓜、打瓜等，是县内主要的农作物品种。与这片土地的阳光、雨水密切关联，新疆知名的花卉、林木基地，就坐落在呼图壁。县境北部，是戈壁、荒漠、沙漠，是古尔班通古特大沙漠的一个部分，居全县面积约四分之一。这片地区内沙丘起伏，年降水量只有 117 毫米。植被稀少，梭梭、红柳、琵琶柴、胡杨等耐旱、耐盐类的小灌木及沙生杂草，是这片沙丘土地上的主人。也是全县驼、马等大牲畜越冬的处所。

在呼图壁大地上，源于天山雪岭的呼图壁河、雀儿沟河纵贯南北，河水终年不断，滋润、养育了呼图壁的大地。自然地理环境，宜牧宜农，自然成为了古代游牧民族理想的活动舞台。

呼图壁大地，历史是悠久的，土地也是美好的，但是，保留在这里各族人民记忆中的近 200 年历史，却充满了令人心酸、伤痛的篇页。清乾隆二十二年（1757 年），在平定准噶尔少数上层头目的叛乱活动中，清朝政府在呼图壁县内先后设立了呼图壁军台与土古里克军台、景化驿，在这片土地上进行军屯、犯屯，移民垦种。乾隆二十九年（1764 年），在今天呼图壁县城这块地方，筑起了景化城。成了乌鲁木齐巡检的驻地。当时的呼图壁大地，历经长期战乱，人口稀少，社会经济凋敝，环境也相当荒凉。清代著名学者、乾隆王朝时期文化巨子纪晓岚谪戍在新疆时，通过一则笔记小说，劝谕人心，也介绍了呼图壁大地人迹稀少，景况凄凉的情形。小说描述：当地一个商人夜行。黑暗中，看到前面树下似乎有一个人影。怀疑是鬼，老远就发问“是谁？”回答说是“走到这里已近晚，孤身一人，不敢夜行，所以在等一个伙伴一齐走，互相壮胆。”这也正合商人的意愿。夜色正浓，两人结伴，

马桥故城

边走边聊，缓解了寂寞，所以相当融洽。问到商人有什么急事，要冒着寒夜冷风赶路时，商人说是“过去借一个朋友的钱，现在听说他们夫妇都生病。穷病交迫，生活、医药肯定都会困难，所以急着赶路，送还欠款。”听到这番话，那人转在树背后说：“自己本来是鬼。最初是想在你身上作祟，求得点好处。现在看，你实在是有道德的人，我虽为鬼，也绝不敢伤害你这样的好人。路途险阻，沿途荒凉。你跟着我，我前面为你带路。”商人既害怕，但又不敢不随行。走了大半夜，乘着天色微明、可以稍看清楚周围景物时，顺便看了看给自己带路的人，却是一个无头鬼。故事到这里就完了。鬼，当然是并不存在的。但当年呼图壁大地上人烟不繁、道路崎岖的情况，从这里确实可以得到清楚的消息。借着这则故事，纪晓岚又引出一个话题：说是“呼图壁”这个地名的汉意，就是“有鬼的地方”。因为从满语分析，“呼图”意为“鬼”；“呼图壁”，译意可为“有鬼”。在说“呼图壁”语源时，这自然不失为又一个观点。新疆这块土地（呼图壁自然也一样），自古就是居民东来西走，变化频频，曾有许多古代民族驻留过的所在，说这里曾有操古于阗语的人居住、活动过，后来又是蒙古武士称雄扬威的处所。入清，满族居民又成为这片地区的主人，这并不令人费解。只是求“呼图壁”最早的语源，结合历史实际分析，应该远远早于操满语的居民进入这里居住、生活之前。“呼图壁”一名，既早已见之于文献，从满语角度解释“呼图壁”，自然也就显得有点附会了。但清朝前期，经过战乱，呼图壁大地上萧条、困顿，堪称“万户萧索鬼唱歌”的景况，从这一有“鬼”译称的流传，倒是可以得到一点呼应，与当年蒙古骑士爱称这片土地为“吉祥”，形成了鲜明的对照。

从清代文献看，经过一段时间的经营，自1773年到1802年，由于政治上统一，社会生活相对安定，不过短短30年时间，即有1300

呼图壁城区景观

多户人家移徙到呼图壁大地上来。他们开渠垦地，建设起一处又一处美好村庄。景化、大土古里、芳草湖等地，慢慢形成集镇，成了周围地区的经济生活中心。1864 年，乌鲁木齐、昌吉地区回族人民为反抗清王朝的封建统治，组织了起义。呼图壁县就是起义军民击溃前来镇压的伊犁将军明绪的主战场。时隔不久，这片美好的土地，又不幸沦没在浩罕入侵者——阿古柏的魔爪之下，各族人民的生命财产又遭到了空前的劫难和涂炭。水利失修、田地荒芜、片片颓垣、处处残壁，人民沉溺在更为深重的苦痛之中。当 1876 年,也就是差不多 100 年前，左宗棠大军驱除阿古柏入侵者、收复呼图壁时，人们看到曾是兴旺的小城，已经变成"鞠为茂草……城垣瓦砾，书役无存，遗黎不满十户"的荒野。直到 1902 年，设立呼图壁分县，人口才恢复到近 7000 人。兵祸连接，给各族人民带来的深重苦难，真是难以完全形之于笔墨。

呼图壁，当前是北疆地区主要交通命脉——乌伊公路上的一个大站，新近通车的北疆铁路也经过这里。走在今天呼图壁县城的大街上，宽达 30 米的平整、光洁的沥青路面两旁林带成行。南来北去的汽车、熙来攘往的人流、鳞次栉比的高楼，到处都显示出繁荣、活力。面对这番兴旺景象，回想近一二百年中呼图壁大地上的历史画卷，确实遏止不住心头浮想联翩、万千感慨。

二 从呼图壁县城到康家石门子

从呼图壁县城（作为天山脚下一个普通居民集聚点的代表），进入天山中环境幽深的康家石门子，得经过一条不算太短的路。在没有汽车代步以前，是并不方便的。

途程中，必须过大土古里。折转南行，经红山口、雀儿沟、西沟村、伊尔阿热克、伊尔尕勒萨依，可抵达岩画所在的康家石门子，总里程要在80公里以上。目前，相当路段都铺上了沥青，路面平坦。在清代，自然只有普通土石路了。过雀儿沟后，渐入天山，依山就势，山路纵横，即使择路行进，也会相当困难。尤其是在山雨过后，随洪水流淌，道道沟壑，更使路面坎坷不平，驴车、马车，颠簸上下，均难胜其苦。只是沿途山色绮丽、山势引人，会吸引每个礼拜者的注意力，使人忘却山路之颠簸。今天，自县城入山，有了平整的现代公路，进出康家石门子，已是一片坦途。

大土古里，当地又俗称为"大土葫芦"，距县城20多公里。大土古里原名"土古里克"。蒙古语的意思是"圆形"地貌。因为县内二十里店还有另一处土古里克，为区别起见，这里加上了一个"大"字，成了包含蒙、汉两种语意的一个地名。在新疆这么一个多民族居住的地方，很多地名都有这样的特色。这可以算是多民族混居、杂处，共同开发、建设乡土的一个文化特征，是随处都可以见到的地名现象。

在清朝，土古里克曾是蒙古准噶尔部阿巴噶斯的驻守地，它控扼从天山进入平填地区的咽喉。乾隆时期，清军与阿巴噶斯在这里曾经有过一场遭遇战。平定准噶尔后，清朝政府在这里设置了军台。当年，从乌鲁木齐到伊犁将军府驻地的惠远城，沿线曾经选择地势险要、位置适中的地点，设置了军台21处。土古里克，就是其中之一。因为它控扼土古里克河谷（雀儿沟河谷支流）。自此入山，有隘道向西可以通达伊犁，东南向可以到昌吉、乌鲁木齐，地理位置重要。在以骑、步兵为主的冷兵器作战时代，这里自然也就成为一处不可轻忽的军事要站了。而随军台设立、土地得到开发，这里居民渐多、人口渐繁，逐渐建设起了商铺、旅店，经济渐趋繁荣。于是，成为了后来自乌鲁木齐到伊犁交通要道上的大站——大丰镇。

过大土古里后，折向南行，入雀儿沟，约行 14 公里左右，抵红山口。左右两山夹峙，其间一水中流。今天的公路即利用山沟的自然形势，穿山入谷，把人们逐渐带入了天山之中。

红山口的“红山”，以山石赭红得名。但细心的游人，只要稍稍驻足，粗略观察一下，其山石色调的丰富，真不是简单一个红色或“赭红”二字所可以概括的。它实际是一片青绿山色中难得的丹霞地貌。这里，

呼图壁丹霞地貌

不仅有层次、深浅不同的各种红色，还有淡青色、鹅黄色等，按岩石沉积的自然次序，彼此间杂错叠，形成一种难以尽述的瑰丽、丰富、变幻莫测的迷人景观。在明丽的阳光下，蓝天、白云、彩色绚丽的山石，波光粼粼的水面，其间，还有一带绿树、片片青草，散漫行走的牛羊，构成一幅天然的、别有情趣的“红山风景图”。在知识未开的蒙昧时期，人们面对这万绿丛中一点红的地貌，会触发怎样神奇遐思，是今天人们难以洞悉的。但有一点，当古今相同：这就是长途戈壁跋涉，行及于此，人们的心境、情趣，都会为之一变。在视万物有灵的古远年代，人们将如是环境视为神居之所，也是一点也不会引人奇怪的。

红山，海拔954米。据清代编印的《呼图壁乡土志》，说是“山顶及麓皆建寺，寺南歌台一所，岁丰，民赛神其间”。今天，已难觅相关踪影。呼图壁县老人们提起这里的寺观、庙会，还是有人每每都

红山

还带有一种神往之情。过去每年六月十九，就是红山庙会之日。到这一天，呼图壁县远近居民，会不辞辛苦，向红山集聚。远近商贩也会驱车策马，向这里集中。于是，这里各种土产杂品、异地商货毕陈，说得上是热闹非凡，自然也就成了附近居民经济文化生活中的一件盛事。至于山顶、山脚曾有的寺院，有说是供养过“无量寿菩萨”，也有说是供养的不知哪方哪派的“红莲老道”、“红莲道姑”。这种说法看来是吸取了丹霞山体的灵感。实事求是说，红山地势，今天看上去，仍可以够得上十分的陡峻。要在这样的山顶上，建起一座庙、一处观，其用工用料、费神费力，都会是不比寻常、困难重重的。这自然也是老人们至今仍津津乐道的话题。据说建寺、造观所用砖、石、土坯，当年都是由善爬陡坡、峭岩的山羊驼负上去的。别看山羊形体小、负重不大，但只要积以时日，也就遂了善男信女们的虔诚心愿。终于在清光绪二十年（1894 年），山顶上终于耸立起了一座气势非凡的寺观！不说其他，只说这一气势，就会无限提高它在信徒们心目中的地位，也就成了远近都知道的一处名胜。土木建筑，香火十分兴旺，好景自然也就不长。这么一区寺观，竟是多次遭受火灾。信仰的力量（即使只是一种迷信）在人们没有完全洞察环境、生命的原委；没有能完全掌握自身命运的前提下，是十分强大、有力的。远近的农民、城镇的乡绅，都不甘这么一座形若神圣的寺观成为一堆瓦砾，在 1919 年，又集资重建。想不到的是，建成不久的新寺，在 1933 年又遭火焚。这区堪称名胜的寺观，它最后的覆灭，是在 1971 年“文化大革命”中。那曾荡涤了一切的洪流对残存的、实际也凝集着一页传统文化的破败的寺观进行了最后的、非常彻底的扫荡，在“反封建”的旗帜下，把它全部拆毁、清除，只留下一点遗迹印痕，以及怀旧老人们心头无尽的遗憾。

当年的红山古庙，已经彻底消失了。在当年古庙的脚下，利用山口的自然地理形势，呼图壁的人民修筑了一条大坝，控制住了雀儿沟下洩的水流，以便它更好地造福、润泽呼图壁的田地、草场。于是，高山见平湖，景色瑰丽的红山脚下出现了一座大水库。波光水景，清丽引人。水库不仅农用灌溉、发电，以至养鱼，在经济生活中造福于全县人民，而且碧水绿树、红山蓝天，成了县内各族人民休息、游乐的一处胜地。夏日酷热，这里气候凉爽，人们相随来此，湖畔沙滩，或坐或卧，一洗紧张生活中的疲惫，自然成为了县内一个引人的去处。同样的红山，在新的时代，又有了全新的文化意涵。

自红山水库，沿雀儿沟河谷南行，河谷左右，丘陵起伏，毡幕点点。到西沟村附近，山路拐入斜向西南的一条便道。便道依山势铺展，随山谷曲折向前。所谓路，只不过是在傍近沟谷的山坡上，稍事开凿、铺平，可供车辆、行人来去。路，是简易的，当然说不上好。但路旁的景观却十分引人。青绿山体上，顶着一道赭红色岩体，留下一条丹霞。纵目四顾，是一片青翠的、无边无涯的草场，在青绿的基调中，间杂着红、白、蓝、紫的各色小花，使人宛若进入了一处花团锦簇的世界。湛蓝湛蓝的天，蓝天下，天山高峰上，是纯净、洁白的冰川雪冠和山腰上黑郁郁的松林。高山草场起伏，悠然自得的羊群、牛、马、骆驼散布在草丛中、匍匐在岩坡下。空气，说不尽的清新，深深呼吸一下，会让人感到沁人的甜香。这就是它处难以觅求的、仍然保持着未受近代工业化污染、人为破坏的高山景观，它带给每个前来巡礼者的激动、喜悦，颇难形之于笔墨。

康家石门子，就深藏在这么一区远离现代生活节奏的天山深处，看来，不平常的祈求生命繁衍力量的岩刻，坐落在这里，蕴涵着古远先民们灵魂深处的悸动，绝非偶然。

三 特殊的岩画刻凿在特别的地点

康家石门子，是一个十分不寻常的所在。

寻求生殖能力的岩刻刻凿在富含生命活力的环境之中。康家石门子，在原始先民心目中曾是一个极富生命力量的所在，在这里，可以感受到原始思维的脉动。

这里的山奇、水清、草茂、泉美。它们曾经在遥远的过去给我们的祖先带来过特殊的联想，终于启示并推动他们在这里镌刻下一区寄托其圣洁、庄严愿望——渴求子孙繁衍、部落人口昌盛的岩雕刻画面。经过了差不多三千年的风风雨雨，当年设计、创造、在这里寄托希望、追求的先民们，已消失在历史长河之中，他们的子孙也确实在天山怀抱之中得到繁衍。满积历史尘埃的岩刻，虽早已被后人遗忘、失落在人迹罕至的天山深处，但又好像一切如旧。山，仍是当年他们面对过的红山；水，还是当年自然流淌的溪水；碧草、野花漫布，几乎没有让人插足的空处，这应该也是他们当年曾经面对过的大地；还有一处很小很小的、在干石山底下漏滴的泪泉，大概也还是他们当年曾经凝视、关注的神泉：泉滴如钟摆一样，滴答、滴答，不紧不慢，缓缓地自穹顶向下掉落……

变化最大的是，三千年前我们祖先在冰冷石面上寄托的希望、追求，凝集的创作激情，却已完全失落。破解这些密码、找回他们在这片土地上失落的激情，成了我们今天的难题。但也并不是完全无迹可寻，既然这里的山石草木曾寄寓他们的愿望，我们今天就该有可能搜求到那曾有的情思、追求。

我曾十分仔细、认真的观察这片土地上的一山一水、一草一木，力求通过时代隧道，忘却现实，回归到祖先们当年原始生活的环境，理解他们当年的心态、他们分析事物、认识事物的思维方式，力求找寻他们努力奋斗，为自身的生存和发展而进行拼搏的痕迹。这对于我们今天认识人类的早期思想、认识人类自身文化的发展轨迹，自然有着不可替代的意义，值得为之付出心血和汗水。

第一次接触这区岩刻的信息是在 1987 年夏天。呼图壁县县志办公室主任李世昌在饭桌上介绍县境的山山水水，不经意间说出他在天山中初见这片石刻时留下的印象“一处半凹的石壁，上面有奇形怪状的人，好像都在跳舞。可能是南北朝时期的遗迹。”南北朝时期的舞蹈画面？当然也是十分的珍贵。新疆大地上，山区沟谷中，曾发现过大量的早期游牧人留下的岩刻，虽不能说是随处可见，但也绝不少见。它们一无例外，大多是大角羊、鹿、牛、马或者猎人狩猎的情形。李世昌说的这处刻石不是普遍见到的动物形象，而都是人，这自是极不常见的特点。而且，他的介绍，也绝不同于一些牧民、猎人绘声绘色的、夸张描述，而是实在的考察工作印象。因此，匆匆放下饭碗，不稍停息，随即请李世昌主任带路，直奔天山而去。待到得康家石门子附近，虽山水依旧、却景色如新。几年的光阴流逝，李世昌已一时拿不准刻石所在的具体位置了。几年前看到过的峭壁上奇形怪状的人，因为并没有深透分析刻画的思想内涵，自然也没有进一步注意刻石周围的特殊环境，而只是留下了对刻石的主要印象。现在，在到处都是石头的天山中，要觅见当年所见那一块小小峭壁，自然不是很容易的事情。我们下车后，站在一块地势稍高、视野相当开阔的高坡上，巡视周围的环境特色。7 月的天山，康家石门子景色分外秀美：万里无云的蓝天下，道道丘陵、条条沟谷，都是片片青绿，令人心旷神怡。而在这一片碧草连天的世界中，却有一条十分显目的赭红色山岭铺陈在眼前。从我们站身的南面相望，它山势陡峻、峭壁如削，形势十分不同寻常。如果这片地区有岩刻，据我长期的野外考察经验，最大的可能应该就在这片万绿丛中的赭红色峭壁上。认真、细致对环境的观察，大概也唤起了李世昌的一点回忆。不约而同，大家都不择路径，依山就势迈腿向着对面耸立的、形势诡异的峭壁走去。

从对面的山上看，峭壁是“很近”的。但真要走到它的跟前，却真不是一件容易事。望着目标走，顺势就坡、高高低低，这一走就是一个多小时。遍地都是高及大腿、膝盖的青草、刺梅、荨麻及不知名的小花。没有路，也不知草丛下是怎样的情况，一脚下去，突然会飞起一两只山鸡，或飞奔若箭、夺路而逃的灰兔……我们这群不速之客，真是惊扰了这个宁静的世界。

康家石门子岩刻所在地理形势

就这样，顺坡走下一片山坡。越过一道小小的、清澈的、但却连绵不绝流淌着碧水的小沟（后来知道，这就是所称的涝坝湾子沟）。再上一个坡，越过一道低谷，顺着山势终于慢慢走到了远望很近、实际还相当远的红色丹霞峭壁前。看表，整整走了 1 小时又 20 分钟。只听前一步已到峭壁下的李世昌在兴奋地呼喊：岩刻就在这里！岩刻找到了！

岩刻所在的峭壁，远看并不显目，站身在它的下面，仰头直视才认识到它竟是那么高、那么陡，似利剑直插天穹，这是一个绝不平常的所在。微微凹入的峭壁前，留下了一道天然的宽有十多米的空间，如高楼前面的回廊，可供瞻仰者驻足。森然高耸的峭壁，好似严严实实的厚墙，冬天挡住西北方向的冷风寒流；夏天则有遮阳蔽日的阴凉。我们来到峭壁前，首先遇到的就是在这壁障、这阴凉下乘凉，并不怕人的牛群。牛瞪着一双双如铃的大眼，似乎纳闷：怎么会有这么一群人侵入了它们的领地、它们安静休息的苑林。

峭壁前，有厚积的牛、羊粪便。我们踩在牛、羊粪上，仰头注视高高镌刻在峭壁上的古代刻画。最接近地面的画面也在距地 3 米以上。至于最上部的画面，粗略估计，距离今天的地面，也在 10 米上下。有若真人大小的人像，如高站在三四层高楼上的人物，向下凝视我们这些虔诚的礼拜者。更让我们这些一时还难以确切理解其内在蕴含的人们受到震慑，感到这区岩刻确实不同寻常。

我们凝神、仰头，安静的驻足在峭壁下，直到暮色沉沉。但是，应该老老实实地说，虽然经过至少近一个小时的认真观察、分析，在热情的呼图壁县主人们询问我们这些专业工作者对岩刻的印象和看法时，却不能、也无法说出清晰的印象，只能以“说不清楚”相答。它是一处新的、过去未见著录的、以人物为主的岩刻遗迹。人物都是舞蹈的动作，人物的造型、形象特点既有蒙古人颧骨高高的宽脸；也有

人在岩刻峭壁下看画面，高低比例悬殊

高鼻深目的白种人的特征。这些大概都是不错的。但岩刻画面表现着怎样的主题，为什么古代的艺术匠师们，要选择在这么一区偏僻、辽远的山谷峭壁上刻画，在这区岩刻画面上寄托着怎样的希望与祈求，确实是一点也没有头绪。仰视半天，脖子发酸、眼睛发涩、印象纷乱。在经过千百年风蚀、水渍、泥浆污染后，一些人物形象的细部特点当时也确实无法看得清楚，自然更不能分析明白。在暮霭深深中我们不得不离开岩刻现场时，只感到留下了无尽的问题和深重的悬念。

第一次到康家石门子，伴着兴奋与太多的问题，午夜才回到乌鲁木齐。岩刻主题虽没有参透，但岩刻所在山体挺拔、直刺天穹（当地老乡戏称它们为“上海大厦”）、四围溪水环绕、居高临下，面向地势相当开阔而缓平的草坡。岩刻满溢生命活力的印象，已十分强烈、鲜明的刻印在大脑皮层上。

四 初步参悟岩刻主题

只有被深刻认识、深刻理解的现象，才显得简单、明白；而在它们没有被认识、理解时，置身在错综复杂的现象面前，却只会感到纷乱、条理不清、无章可循。就如置身在五里雾中，不知其所以然。

我在认识康家石门子岩刻思想内核的过程中，对这一道理深有体会。

装着从康家石门子带回来的许许多多具体问题，对照拍摄回来的多张的现场照片、制作的幻灯片，我在一段时间内曾反复品味、推敲、仔细辨析。厚积在刻石上的尘土使图像灰暗、线条不清，看不明白。一天，我又把幻灯片打在了办公室的白粉墙上，突然从一个特殊角度，捕捉到一个典型的人物。我登时受到强烈的启示，进而参透了整个画面的玄机。

在画面中部，是一个十分显目、非常高大的双头同体人，这一双头同体人的右下方，可以约略看到一个面目比较粗犷的人物，颧骨明显，他面对一个面目姣好、体形优美、亭亭玉立的女性。它们是一男一女，这一形象似已比较清楚。让人纳闷的是男子手中把持一根棍子，直向对面的女性，什么寓意？令人不解。我仔细捉摸、辨析这组图像，认真追寻、分析画面人物的每一根线条、每一个细节特征，试图找寻解开画幅内涵的钥匙。突然，在漫漶不清的画面上，在男性手持“长棍”的柄端隐隐约约似乎可以看到两个下垂的卵圆形。在泥沙、水渍掩盖下，这一蛋圆形图案虽不是十分的显目，但是却可以依稀判定。哦！老天，这不是表现着一个粗犷的手持经过无限艺术夸张、粗大得不成比例的男性生殖器形象吗！那蛋圆形，显示的是睾丸。这一图像，无可怀疑地挑明了它的特征、揭示了这一不凡男子的形体动作的特点：它是表现着对修伟男性生殖器的崇拜、歌颂。表现伟岸男子对女性的求欢、求合。一结解开，全图皆活。男子对面、作舞蹈状的女性,面带喜悦。男、女形象下还有隐约可见成列欢跳的小人……天哪，这不正是像连环画一样表示着男女欢爱、子孙繁衍、氏族、部落昌盛的图景吗！它不正是显示着古远先民的生殖崇拜观念吗！

迷案初揭，循着这个思路，再去分析、辨识每一个人物、每一根线条、每一组形象，真是让人无法抑制的激动：在东西长约 14 米、上下高达 8 米的刻画中，几乎无一不是表现着同样性质的内容，显示着同样清楚明白的思想内核：寻求强大的生殖繁衍能力！

密码破解了，那经过几千年风雨侵蚀、蒙受了难以避免的损坏，在污积尘封之下已难说完整，也并不十分清晰的刻画，终于基本上显露了它的本来面目。虽然，因为历史生活的巨大变化，当年的刻画及刻画后面寄托的祈求，今天还难说已经一无遗漏地被我们了解，但同样无可置疑的是在这一画幅后面的基本主题，追求氏族、部落群体能有强大的生殖繁衍能力，是没有疑问地被我们把握了、认识了！

近一个多月的时间，朝朝暮暮、日日夜夜的研究思考，真是“为伊消得人憔悴”。现在哑谜打开，似在历史长河中消失得杳无踪影的一页又一页新鲜、生动的历史生活画面，重又在 20 世纪 80 年代的人们面前被揭示出来。没有蒙受进入“文明”后文人学士们的删削、遮掩，还是当年的纯朴、本真，高悬在偏僻的、荒凉的山沟之中，宣示祖先们当年为生存、为发展而展开过的思虑、追求、奋斗，这实在是让人兴奋难已的好事。这是在呼图壁友人和我们的共同努力之下得以完成的。我们这几十个日日夜夜的寂寞，是充实的、是有代价的。它为探寻人类早期思想文化史觅得了不可能见于文献（因为还没有发明文字）的珍贵记录。找到了早期人类思维、分析、认识世界及人类自身的鲜活印记，有助于准确认识早期人类的思想篇页！还有什么比这更有意义、更有价值的褒奖、精神享受呢！

看清楚了！看清楚了！这一幅又一幅经过相当岁月，经过不知多少代人努力完成、保持、发展的历史画面，我们终于基本把握了它的内涵。

在解开了画面的秘密，对画面的基本内容有了大概清楚的概念后，当时在地表用普通镜头拍摄的一些画面，就显得十分不敷需要了。一些原来已稍漫漶的地段、部分形象的细部已十分不清晰，岩刻所在的环境，也非常需要做更全面、更具体的观察、分析。于是，带着许许多多的问题、带着更强烈的期待及寄托，笔者又重上了天山。

就这样，关于康家石门子岩刻的调查及分析研究工作，断续进行了近一年。其中一段时间，我就住宿在遗迹附近的一处牧民的小土屋中。我们在呼图壁县帮助下，搭起了脚手架，以便近距离对这处岩刻画进行观察、记录、临摹、摄影、拓片、录像。如是工作，先后持续了近两个月。

短短两个月中，近乎摒绝现代文明的生活，许多具体而入微的体验，使我们更深切地体会到古代先民在大自然面前的软弱，似乎也认识到他们在这样的环境下无法避免的会产生宗教性感情寄托的原因。这里只举一个亲历的事实：夏秋时期的天山，雨水充沛。我们临时住处傍近的山头上，只要稍稍飘过来一块黑云，往往就伴和着一阵细雨。有时,淅淅沥沥不断如线的山雨,可以持续两三天。我们这些顶着崇高、圣洁光环的“科学工作者”，这时会同样变得十分的狼狈无力。雨水，外面大下、土屋里小下；雨停后，室内仍然会下。到外面活动吧，漫山遍野是灰蒙蒙的一片，同样无处可以涉足。没有电，当年，工作队自己也无力发电。白天屋子里也是如同入夜一般昏暗，看书很难、也无法写字。在这里只有思想不可能被束缚住，还可以在辽远的太空中遨游。

距住地不算太远与我们天天为伴的那区岩刻所在的峭壁，在阴雨天，只有山顶隐隐出露，山腰则为浓重的雨雾缭绕。远近山坡上的青草，在夏雨的滋润下，如春笋似的向上拔起。灌木丛中、浅草被里，成团成簇的一团团白色小点，是破土而生的蘑菇。门前溪谷中静静流淌的涝坝湾子沟，这时会出现奔腾咆哮的激流。到处都是生机蓬勃的生命运动节奏。这种景观、这种气氛，活动在这片土地上的三千年前的祖先们，当然也曾经不止一次的感受过、思考过、激动过。那岩刻画的笔触后面很可能就寄托有诸如此类的这多种感受、困惑、追求。

也是在这段为考察、记录、临摹岩刻画面而工作的日子里，曾经受过一次暴雨的袭击。那时雷电交加，狂风肆虐的场景，至今难忘。那炫目的电光，掠破浓云，在我们的头顶上炸开，让人感到胆战心惊。就在一次雷暴中，距我们住屋不远，一名18岁哈萨克少女，为在大雨到来前给住房屋顶加盖一块防水布，被那无情的雷电击倒，告别了她无限眷恋、无限热爱的生活、亲人。电击点在鼻下，一个十分不显眼的、小小的红斑，却立即使她离开了这个世界。纯朴的、并没有电学知识的山民，呼天号地，面对一分钟前仍鲜活、可爱的孩子，流露出无限的伤痛与激愤。他们坚持认为是横暴的天外“电弹”袭击，夺去了少女的生命！并愿以全部可以动员的财产为酬，要求我们这些可以发掘到地下宝藏的考古工作者，在房基下挖出那颗罪恶的“电弹”来，以此为亲人雪恨。那丧失亲人的无限痛苦，面对不可知的大自然力量时的软弱、惊惶，不仅带给我们完全无法形之于笔端的巨大震动，十分沉重的精神压力也使我们更深刻地体悟到：在如是荒僻的山沟中，面对种种当时人们还无法掌握、也不能理解的超自然力量，原始人群在面对无法抗拒的自然力量的侵迫时，非常明显，是十分软弱、无力的。他们对强大的无法抗拒、也还不能理解的超人间力量的恐惧，会催生对这些力量的崇拜，这会成为原始宗教产生的土壤。他们对宗教、对神灵、对难以具体捉摸的诸多异己力量的寻求，会是十分强烈而真诚的。

三千年的时光流逝，虽然在地球的许多角落产生了很大的变化，使今天的人们根本无法认识曾经存在的自然环境在早期先民思想生活中可能产生的复杂感受。但在康家石门子，这天山中的一条少见人烟的山沟，三千年时光却似乎没有产生什么大的变化。一切基本都还是本色的、自然的状态。或者，曾经存在个别的山石陨落，长期的溪流切割使沟谷更深。但这种微弱变化并不能使任何一个生活在其中的人，产生显明的感觉。同为几年、几十年的人生道路，这些微的改变，一切大概都等同于无。在这样的山沟中，面对如是自然现象，我们今天的感受，仍有可能接近他们当年的感受。在努力寻求当年人们的思想、信仰，从物质生活到精神文化生活的诸多方面的特征时，在这里就有可能得到一些更好的启示。

霪雨，有时似乎永远不会停息。面对这样的雨天，我们这些“科学工作者”，同样是那么渺小、那么微不足道，那么软弱无力。我们的祖先，在自然的风风雨雨、洪水暴雪面前，这种内心深处的、无助的软弱，会比我们更加强烈千百倍吧！

浸染在这样的环境中，感受着自然的、超人间力量的强大威胁，好像可以更加清楚地听到岩刻画后面迸发出来的、历史的呼喊。

第二章

生殖崇拜，是早期先民精神文化的重要核心

呼图壁生殖崇拜岩雕刻画，位于康老二沟以西，山势雄伟，有独特的地理因素。画面丰富，主要为男女裸体画，其意义在于祈求生殖，繁育子孙，应该与原始宗教巫祝仪式或者活动有密切关系。雕刻画中，女性形体姣美，男性粗犷健壮，动物形象刻画准确，表达传神。精细的画面洋溢着对人体之美虔诚的崇拜，以及种族繁衍这一神圣责任的追求、歌颂。岩雕刻画还有很多隐喻的设计，艺术手法十分巧妙，亦可见远古人们的心思灵巧，富于创新。

康家石门子生殖崇拜岩刻画所以出现在这里，与本地区特殊的山水形势密切关联。陡峻峭立的山峰、山体丹红、四周溪水环抱、绿草如茵，在原始先民万物有灵思想观念的指导下，这是一片满含生命力的宝地。

提起康家石门子，即使20世纪80年代在呼图壁县，实际也是少有人知的一个所在。完全不同于现在，因为发现了生殖崇拜岩雕刻画，不仅县内人人知道其地点，而且是全国以至一些外国学者都知道了新疆有个呼图壁，呼图壁县境内的天山深处还有一条比较幽深的小山沟，称为“康家石门子”。

要对康家石门子的地理形势、地貌特点有一个了解，可以从它名称的缘由说起。熟悉乡土文化的老人曾向我介绍：清朝末年，兵祸连连，人民遭受涂炭，痛苦不堪，避

康家石门子石阙形势

祸唯恐不及。这里深山荒野、禽兽出没、人迹罕至，但却又有曲折小路可以交通山外。有一康姓农民，大号“老二”，稍有见识，比较精明。眼见山下生活艰难，遂携家带小避祸入山。行到这里，觉得气候晴和，宜于垦殖、居住，就落脚下来。他们居住、活动所在的小山沟就被称为了“康老二沟”（也有写作“康拉尔沟”的）。而康老二沟，穿过巍然挺立的山石峭壁，也就是一处自然的山阙，形如石门，于是就有了“康家石门子”之大号，成了这一片地区交通山内外的径道。

生殖崇拜岩雕刻画所在的峭壁，正巍然屹立在康老二沟之西，涝坝湾子沟之北。东南两侧，沟谷溪流抱拥。涝坝湾子沟，源于天山冰峰的雪水，一年到头清流不断。只是夏日山雨暴发，洪水滚滚、溪流暴涨，溪水才显得混浊。康老二沟内，沿沟上下不断有泉水喷涌，水清质美，宜于人畜饮用。这两条山溪在岩刻画所在的峭壁旁合流成一。沿沟两旁，灌木丛生，绿草、野花漫山遍岭。康老二当年避祸落脚于此，

峭壁、茂草、溪流，康家石门子环境

倒真是找到了一处既偏僻、却又宜人居住，有水、有草的乐土。

岩刻峭壁所在的岗峦，比较准确的地理位置，是北纬 86° 19′ 20″ 、东经 43° 51′ 处。岗峦东侧，就是康家石门子。随岗峦西走，数公里后为另一石阙，人称“色牙孜沟”。它与康老二沟相同，也是山外平坝地区可以进入天山腹地的险峻隘道。只是山色不像康家石门子有一片富含生命色彩的丹红。从岩刻所在、或透过康家石门子、色牙孜沟向下俯视，但见峰峦丛集、起伏如波，宛若在云天之上，俯视人寰，发人遐想。待晴日，蓝天上有几抹淡淡的白云，一区区色彩各异、气势有别的峰峦，彼此相连相接，一直漫漫铺展到遥远的天边尽头，会使人不仅感到无限的辽阔、美好，也真感觉似乎远离了凡尘俗世，而步入到了一个超凡的空间。祈求生命繁衍的岩刻，就坐落在这么一处

岩画所在丹红的冈峦，波浪起伏的山势

交通山内外的石阙之间，高据于千峰集凑、万峦迭伏的峰峦之上，处于清溪簇拥之中。

岩刻所在的岗峦，山势相对雄壮、山形奇伟、山色赭红。在四围的青山蔓草之中，形成异常显目的景观，是十分典型的丹霞地貌。为更好认识这区岗峦的特色，考古队曾经专程邀请地质学专家前来现场，据分析介绍，说它实际是在天山中典型发育的侏罗纪最晚期的岩层，学名称为“喀拉扎组”。形成时间当在距今 7000 万年以前。山石以水平状沉积的砂砾岩为主，包含的砂砾石大小不均，成分各异。有火山岩、硅质岩及各种碎屑岩。在遥远的地质时代、在位置相当于这片地区的水域，水底不同部位高低有别，不同时期的水流量也有变化。因此，形成一些地段角砾岩集中，一些地段则砂质富集。沧海桑田，大水退去，沉积成岩，又在新的造山运动中突兀于地面，形成十分显目的陡峭地貌。再经过数千万年的水浸风蚀，由于岩性各异，受侵蚀的速度彼此有别，于是有的凹入如窟似门，有的凸出似墙若柱，远远望去恰似深

岩画所在冈峦，如古堡，似佛龛

藏在荒山野谷中的一座古堡，也好像遁入空门的高僧们潜心修凿下的一区区佛窟。它们丛列如林，被遗弃在了天山深谷之中。岩体形态如此诡异雄奇，使思维冷峻有如岩石一般的地质科学工作者的心灵也感受到激荡，因此，他们不仅据典型地貌所在地点而名称这类地貌为“喀拉扎组”，而且还习惯把这类岩层称之为“城墙砾岩”。这“城墙砾岩”，大概是干巴巴的地质学概念中最富形象思维的名称之一了。

这类砂砾岩，一般的看，胶结物为钙质，岩性比较坚硬，含有铁质。而因铁质含量多少不等，色质也显示差异。表面风蚀严重的部分呈浅灰色，比较新鲜的岩面，则呈红灰色。而砂质富集处，则呈深灰色。这不同的色彩使岩面色泽纷呈，加上岩体表面凹凸不平，随光线照射角度转换、阴影强弱变化不同，岩体色彩就显得更加丰富。行人至此，从不同方向注视这区岩体，无一不为之吸引，叹为大自然的杰作，有如鬼斧神工造就了这么一区殿堂。现代呼图壁县的人们同样感到这片岩石不同于一般，相当认真地称它们为“呼图壁上海大厦”，见到的人倒也都觉得很贴切。

而如果从山外经康老二沟或色牙孜沟攀登而上，来到这里，其感受又是另一番滋味。翻过了一道又一道的低山丘岭，沿着曲径迴环、经千万年山水侵蚀而形成的沟谷小道，顺着一道倾斜40°以上的缓坡，一步一步，最后来到一道高高的山岭下。身旁灌木丛深，或有野兽出没。陡险的峭壁似刀削斧砍，左右夹峙。山石形状稀奇古怪，或如伏地的老驼、似长嘶的骏马、静卧不动的大龟，还有不知名称的怪兽，诡异而令人惊悚。四周是出奇的静，只听到自己的脚步声或代步的马蹄声，使你禁不住要寻求同伴、寻求人声、寻求支持或安慰……就这样，当终于登攀到山头，再稍稍前行一点路，回头一看身旁竟有那么一区色彩绚丽的古堡琼楼，上部粉红、下部深灰、周围青绿，层层岩窟前，远观还有一道道青碧野葱，径粗如小儿嫩臂，似篱墙一般拱卫在龛窟

岩画周围的喀斯特地貌

前，可望而不能及……令人惊讶、诧异，难抑感情起伏。这景象、氛围，颇难以形之于笔墨。这样的环境、气氛，任何人都会强烈地感到自身软弱、渺小，不能不完全折服在峭壁前。感受到如横空出世的这片山形魁伟的红色山体，真是神仙居处，迥异有别于人间凡俗，会自然缓缓沉入于非常神秘的宗教氛围之中。

与岩刻峭壁邻接、距离不足百米，有一处半塌半存的岩窟。洞顶似穹，一条长三四十米的裂隙斜贯于洞顶偏外侧。裂隙中一滴一滴渗流出的泉水如泪似珠，若线不断。一年四季缓慢而有规律的下落，不因冬夏而改变。附近不多的几户哈萨克族牧民，仍视这清澈“泪泉”为神水，而不怕山路崎岖，将水桶置于滴流之下，积半日之功，勉且

泪泉

可得一小桶之谱。千万年不断滴流，不仅使裂隙周围，而且使洞顶上都呈现出一片幽黑的绿苔。听说，在一些山地居民中，有称这处泪泉为“子母泉”的。说是妇女喝了这神泉的水，就可以多生娃娃。也有一些患病不能生育的妇女，远程来到山里，带上祭品，求神泉水，以求恢复生育功能。这个传说故事的源头，究竟可以早到什么时候，今天已不得而知。但它与岩刻画主题真是紧密相合，无法不使人联想：在这一深厚的民俗传说里，有可能埋藏着十分古老的历史因子。

岩刻峭壁所在的下伏地层，是侏罗纪齐古组的紫红色粉砂岩、泥岩，间杂着细砂岩。泥质岩中含铁质胶结物，质地还比较疏松，容易风化。形成徐缓倾斜的坡形地貌，部分地段是风洞屡屡的砂岩，偶尔也有一些胶结较好的岩块，挺立在草丛中，构成怪异形状，高高耸立，如人、似兽，发人遐想。沿坡上下，则是草色青青、野花漫布。刺梅、爬地松、贝母、荠菜、蒿草、荨麻、三色锦、蒲公英、天仙子、油菜等等，随处可见。其间，出没牛、羊、马、驼。地势稍为缓平处，偶或有一顶两顶毡帐。这山水、花草，零星的毡幕和散漫吃食的牛和羊，与几千年前古代新疆土著居民眼中的景象大概是并没有多少变化的。

岗峦海拔 1500 米左右，相对高度大约在 200 米上下。冬日，山体挡住了西、北方向来袭的冷气，在背风向阳的峭壁下，阳光和煦、积雪不厚，低草不会被雪完全覆盖，是牛、羊越冬的理想处所。夏日，山区雨量充沛，年降水量可有 500 毫米左右，这使得漫山上下全是一片青绿，到处都充满了生命的活力，同样是牧民们理想的草场。

古代的新疆居民，把追求生命、祈求生殖的宗教巫术画镌刻在这样环境的峭壁上是有他们充分的理由的。在这里，应该可以触摸到原始思维的印痕。

二 岩雕刻画面面观

不论是在康家石门子静静的山沟中，一天天默默面对峭壁上的画面；还是一个人深夜在书房，手持放大镜一次又一次仔细分析照片上一个又一个人物，我一直试图体会、捉摸古代艺术家们在其中的寄托。不知曾过去多少个这样的日夜。希望是可以比较实在把握我们祖先在岩刻中寄托的追求。只是石刻无语，真难说自己能够完全参透了画面背后的思想，把握了其中的全部真谛。

岩画，在新疆大地上，可以说是一种十分普遍的存在。不论是巍然耸立的阿尔金山，莽莽昆仑，还是世界屋脊的帕米尔，横空出世的天山，撩人情丝的阿勒泰山，随处随地，都可以觅见古代岩刻的踪迹：大角羊、鹿、牛、马、狼、狐以至虎、豹，甚至目前新疆大地上根本已不见其消息的大象，都曾有所见。其他如狩猎、征战、车轮等社会生活的画面，也都不难找到。画面是清楚的，其含意，也可以在画面上得到直接的启示，所以不难想到比较合理的说明。但用这样的一般认识看康家石门子岩雕刻画面，就远远不够了。它的文化内涵，难以通过形式逻辑，简单揣摸。

康家石门子的岩刻画，不是一般概念上的动物、狩猎画面，它蕴涵的思想相当丰富。对它的理解和认识，会随着对原始思维认识的深化，原始社会历史知识面的拓宽，而不断加深，并一步步品评出新的意味。

因此，我们今天要具体介绍画面，首先求全面、求准确。既不疏忽环境，也力求将岩刻画完整呈现在大家面前。为求得到清晰的概念，在全景图像照片外，还附上了墨线图。希望在这一大型画面前，每个研究者、无缘来到岩刻画前面的读者，都可以自由地展开思想的翅膀，剖析其意涵，进而吸取到原始思维的营养。

岩刻画面，镌刻在沙砾层中一块砂岩透镜体上。这类砂岩透镜体，是整个岩层中相对比较平整、细腻的岩面。当年沉积成岩时，这里砂质较为富集，岩性虽也坚硬，却是相对较易凿刻的处所，自然就成了进行雕凿刻画较为理想的石壁。整个画面，东西长有 14 米、上下高达 9 米、面积达 120 多平方米。较之一般岩刻，可以说是规模空前。岩雕画面主体部分差不多都集中在这一范围内。最上部的刻像，距今日地表高达 11 到 12 米间；最底部刻像，距地表也总在 3 米以上。没有特殊梯架设施，人手已无法触及。

画面主要集中在 60 平方米左右的范围内，人物总数达 300 多人。其中大者高可达 2 米；小者则不过 20 厘米。人像有女、有男，或站或卧，除一位女性著衣裙外，几乎全部裸体。画上的形象清楚显示、并着意彰显了男女的不同形体特征。相当数量的两性媾合场面及两性同体形象，加上男女媾合图像下群列欢跳的小人，十分明白地显示出刻画目的在于祈求生殖、繁育子孙。这是岩刻的基本主题。根据联系岩刻画前面厚积的火灰，可以联想，这幅巨型岩刻，与原始宗教、巫术祈祝活动存在密切关联。

岩画全景

在具体介绍岩画的内容前，还须要说明一点。岩刻画所在岩体面积达120平方米，人物形象最上部距目前地面达10米，人物总数达300多人，如此巨型画面显然不可能形成于同一个时段。比较认真地观察，还可以发现岩刻人物有不少互相叠压的情形，即在早期刻像的基础上稍予处理，再行刻凿的现象。这说明，这一岩刻点在当年岩刻人的心目中是一个比较神圣的所在，是大家已经认可进行相关巫术祈祝仪式的地点。如是内容的岩刻，必须刻在这一特殊环境中，其他山石是并不具备如它一样灵性的。因此，类同的人物、画面都要在这处石面上展开，彼此叠压，势将难免。而重重叠叠的画面，也表明，这处岩刻画，确曾经历一段相当长的历史过程，是当年这片地区古代先民原始宗教活动的中心。

解析画面、探索其文化内核，笔者注意要尽可能细致、准确。为叙述方便，根据画面的位置，暂时区分为了不同的组。这一分组，应该说有其时代、内容上的根据。但也有一些分组，目前还难以说清楚其准确的思想内容。尤其是岩画东段偏下部位，因为严重侵蚀，画面漫漶，水渍又相当浓厚，部分人物形体已不完整，加之画面彼此叠压，一时还难完全理清其中纷繁的头绪。这些都在分组画面中作了具体的说明。

一组：居画面最上方。人物高大、刻像清楚、形象完整。在整个岩刻画面中，它明显居于最重要的地位。也是岩刻者们最先完成的画幅。这组岩刻的视角，是在岩壁的右上方，从这一角度左视，人物自高趋低，渐渐变得比较邈远、稍矮。刻凿者当年把握了这一视觉原理，将透视效果展示得清楚、明白。

全组刻像共10人。1人为男性，9人为女性，都裸体。手、足作舞蹈形状。男性，一人，显示其地位独大，身份不同一般。女性，9人。

岩画一组

岩画一组线条

“9”为极数，可能有数量众多的意涵。女像排列自右至左，逐渐趋小。最左侧是一斜卧的裸体男性。每 3 个女像之间刻画一特征十分鲜明的对马图形，一组为牝马，又一组为牡马，性别不同。这类对马图形共见 2 组。

画面的基本特征：女性都是头戴高帽，帽尖部分收作小平顶，上

公对马

母对马

面插两根翎毛，斜向左右。唯一例外是最右侧、也是形体最高大的女性（身高达 2.04 米，过于真人），帽上饰一根挺直的、高达 20 厘米的杆状物。这特殊的帽饰，稍不同于其他女性。应该标示着她有别于其他女性的特殊身份。面部形象特点，都是面颊稍修长，眉弓隆起、大眼、高鼻、小嘴唇，耳朵未表现。这组女性形象很好地显示了女性秀美的面容。形象整个脸面采用浅浮雕的技法，颇富立体感。面部当年曾涂白粉，余痕至今仍约略可见。这突出表现了女性姣美的形象。面部以下用阴刻线条勾勒出人体总的轮廓，胸、腿部略显浅浮雕效果。颈脖细长，胸部宽大，细腰，臀部丰满，两腿修长，小腿微弯曲。胸、臀部位与细腰形成强烈的对比，表现了女性优美的形体曲线。人体上部显示正面形象，但从双腿、脚趾的方向看，则曲向一边、一无例外，都朝向对马。表明她们在环绕、面向对马舞蹈。

两手的动作，在人物形象刻画中，也是着意表现的一个环节。画中人物无一例外，都右臂平伸、右肘上举、五指张开；左臂平伸、左肘下垂、手指同样张开。结合着小腿稍曲的造型，鲜明显示了正在进行舞蹈的情状。可以说是舞蹈进行过程中的一个剪影。

画面中男像居于女像左侧，作倾斜躺卧状。面部、身体朝向群舞女性，同样裸体。面部轮廓较为粗犷，浓眉大眼、高鼻、下颌较宽、大嘴、似有胡须。头戴高帽，高帽上也是分插两根较高的翎羽。双手上举，分置于头部左右，手指张开。颈下，约略可见方形线条。这是具有特点的一件饰物，还是垂带，已难判定。上体略宽，近梯形，胸部似乎有一人头形的像，只是漫漶严重，不是特别明显，腰臀稍细、两腿瘦长。特别着意表现了勃起的生殖器和下垂的睾丸。他的身份不

岩画一组：最优美女性

岩画一组：最高大女性

卧躺男子

同于一般，因而通体涂染成朱红色，至今仍十分明显。

一组对马，居于右起第3、4女像之间，通体也涂染成朱红色。马体特征表现得比较准确：长头长颈，躯体细瘦。通长27.5厘米。马头、前后肢彼此相连接，形成一个封闭的卵圆形。尾垂于下，马尾末端着意刻画成三角形。这是一组母马。其左右侧各有3位女性舞者。根据脚趾的方向，可以看得很清楚，这些舞者只有5人以这组对马为中心。又一组对马，居于第6、7舞人之间，似未填朱。对马之形体特征与第一组对马近同，只是突出刻画了牡马的生殖器，标明其作为公马的特征。舞蹈的女性，粗看居其左右旁也各为 3 人，但朝向这对公马，以此为中心翩翩起舞的实际只是 4 人，因为有一人的脚趾方向，是朝向牝马的。这些细节说明创作图像是有一定根据，并不随意的。公马左侧的舞者，细致观察，可以看出小腿图像为 4 支，是图像修改的痕迹？还是特别表现热烈旋动中的图景？这都是创作十分认真、一丝不苟的印痕。在细微处见精神，我们今天观察这些画面，都是不能疏忽的。

在这一组比较明显的主体人物的下面以及旁边，经仔细辨析，还可以捕捉到一些已经难以辨别的人物轮廓。最清楚的一个例子，是在右起第 6 位女性的右大腿旁侧，可见到一个已经模糊的人头。人的身体及两手的刻画线已漫漶不显。这个实例启发我们：位于康家石门子岩雕刻画面最上部位的这一组岩雕刻画，可能还不是这组画面中最早完成的作品。较它们更早，可能就曾有过人物形象的雕凿，只是在后来不断展开的新作中，相关人物已被磨蚀，让位给了这组围绕对马、面向裸体男子，激情群舞的画面。

通观这整组画面，舞女们形体秀美，动作轻盈，可以让人感触到它内在的圣洁灵魂。虽作裸体、关涉生殖，但与淫欲，没有一点关联。画面背后，满溢对女性虔诚的赞美，对关乎种族繁衍这一神圣责任的追求、歌颂。

二组： 位于第一组画面的左下方。居于主体位置的是一幅高大如同真人的两性同体人像。通高达 170 厘米，其左右均为男性刻像。

两性同体人像，基本特征是双头同体、头部都有高冠，冠顶上部有左右分扬的翎毛。面部形象相差不大，并没有特别显示男性的粗犷与女性的柔美。只是右侧头像颈后有一根飘带稍稍下垂，似乎更多一点标示了女性特征。双头、双颈、身体部分交合为一。双头像颈下都

两性同体像及左右人物

见朱红色下垂的饰带。身体比较常人身体显得更为宽厚。两手也如常人一样，右臂伸出上举、左臂伸出下垂。手指均张开，胸部同样为三角形，腰部稍收缩，臀部稍肥硕，具有平常女性的特征。小腿稍细，脚趾向右，略有舞蹈意味。在这一两性同体人像的腰部、右向，还可以见到残存的两条腿，及一勃起的男性生殖器，其形态、姿势与第一组画面中斜卧的男性下肢、勃起的生殖器一样，只不过身体的其余部分已被叠压在两性同体人的身下，消失了痕迹。两性同体人上身线条清楚可见曾经加宽、磨平的痕迹。这些现象都启示我们，这处大型画面也曾经过修改。每组画面都不是随意涂鸦，而是精心设计，具有特定意涵的。

这一两性同体人像，不仅形体较大，而且明显占据着画面的中心，表示它也是画面的主体。它与总体刻画希望揭示的子嗣繁衍主题，关系也至为密切。

与这一两性同体人几乎密不可分，在他平伸出去的左右肘下，是位置相当、造型相近、姿势相同，只是方向相反的两个裸体男性，他们虽同样头戴高帽，但帽上并无翎毛。上身呈三角形，腰和臀部分是如水滴状的形体。这种水滴状的臀部形体，与画面上女性较为肥硕的臀部形象构成鲜明的对照，成了可以帮助判别刻画人物为男性的基本特征之一。人物两腿细瘦如线、极度躬曲，只是着意刻画了勃起的男性生殖器及睾丸。这类男性生殖器，因为每个男性形象都着重表现，也就形成了一种规格化的造型：阴茎如棍、龟头似球，并且整区岩刻无一例外。两手同样作上举下曲的舞蹈姿势，结合形体，尤其是腿部形象,可以看出舞蹈动作十分热烈。居于两性同体人右侧的朝右，左侧的向左。值得注意的一点是在左侧男像的胸中，又刻画了一个小人头。

与两性同体人右侧男像相连的是一幅身体稍高人像。从人像显示

男子胸中含小人头

的男性生殖器看，当为男性无疑。但观察整个形体特征：清秀的面型、宽胸、细腰、肥臀、两腿修长、小腿微曲、左右手上下翻舞，这些基本特点，与这处岩刻表现女性特征的手法，可以说是完全一致。将这一女性形象与第一组中的几名女像相比较，也没有什么差别。然而勃起的男根、下垂的睾丸，却只能认定这是一个男性。这一造型上的矛盾点使人产生这样的联想：这一图像，很可能是在早期完成的女像身上，因为观念的变化，后来又加上了男性生殖器，从而出现了这一形体如女、生殖器为男的特点。当然，这种改造肯定包含着深一层的社会文化思想。进一步说，这一时段，男性地位在被强化。还值得强调一句，在这区岩刻中，这类性别形象上的不调和特征不止一见，说明强化男性地位是当年的时代精神。

形体为女，性征为男人像

位于两性同体人肩上，是一个体稍小、左向曲立的男像。生殖器勃起，男性特征显明。这一男像双手动作稍别于他人，他左手上举、右手下垂、叉腰，右手肘外为两个几近叠压的人头。刻画颇细致，只是都不见身体。我们判定画面曾经多次刻凿，这又是一个例证。

更左，仍是一个特征显明的男像与孤立的人面，但不见身体。应该同样是早期刻凿留下的痕迹。

三组：居二组左侧，虎形立兽右上方。这组画面，以一卧躺、屈腿的女性为中心，周围有四五具男性人体，其中可见一处两性媾合的图形。

两性媾合图

卧女身体长36厘米，比较娇小。双腿极度上曲、分劈左右。为强调它的女性身份使用了浮雕手法，具体表现了微微隆起的乳房。站在地面看，并不显明；当年，在搭起的脚手架上近观，是可以看得很清楚的。在整壁岩刻的数百人像中，这是唯一显示了女性乳房的刻像。她右手上举至头侧，左手下垂，手指向阴部。居其对面的裸体男性，身高达110.5厘米。两相比较，男女形体、大小差别明显。男子昂然挺立，头戴插有翎毛的高帽，隆鼻、大嘴、显须。两腿躬曲，生殖器勃起，挺向卧女的阴部，表现了媾合的姿态。两手舞姿如常式，腕部显示出带形腕饰。男子的臀部也是如水滴形。尤其值得注意的是在这一男性宽大的胸腔中，也可以清楚见到一个精心雕刻的浮雕小人头。人头同样戴帽、插翎，下颏见胡须，显示了男性特征。在媾合图景中，男子体内却有男性小儿的刻图，十分明显表现了男子决定着孕育、生殖，而且祈求生育子嗣也为男性的思想。这种认为在子女繁殖工程中，是男性决定生殖，只是通过交合，将男性体内的子嗣植入于女性腹中由其孕育的思想观念，至今仍可以在欧洲个别传统的观念中觅见其存在。这自然是一个十分值得关注的文化现象。它清楚表现了“女性决定生殖”这一观念已经消逝，男性成为了子嗣生殖的决定性力量。虽然这种认识是荒诞的，但男性地位有了历史性的变化，已成为当年的事实。

除这一具体表示了的两性媾合的图像外，还有一个细节也不应忽视：在男子平伸的右臂肘下，悬挂一物，作棍球形，它与整个画面上随处可见的男性生殖器图形完全一样。将它视为是男性生殖器，是不存在疑问的。只是作为生殖器，竟然出现在了臂肘上。虽可意会成它是强调男子强大生殖能力，但如是具体表现，确也令人费解。当年，这究竟有怎样的寓意，是又一个值得探索的问题。

这一昂然挺立的男像身后，是一大小相类的男子。头冠也是高平顶，其上插直立枝干八九根，构成又一种缨饰。其右手不同于一般人物那样平伸上举，而是直伸向前，手指所向，是正作媾合的女阴部。他的动作即是唤起人们关注这一图景，也是歌颂这一媾合事业的神圣，揭明这是当年社会的追求，是社会的时尚。

卧女头侧为又一裸体男性，生殖器显露。生殖器挺举在卧女头上。这一男性还有引人注意的地方就是他的头后有一肥壮硕大的立兽。兽头直向前方，两腿直立，腹、臀、后腿部分正与男像之头、帽重叠，因此未作表现。而立兽尾部正好构成了男帽的一侧边缘。这也是值得关注的一个画面：是人头帽饰叠压了原来刻凿的立兽？还是用部分出露的兽体，象征着山林、野兽出没的环境？真是引人遐想。

四组：居三组之左，一直延伸到岩刻画面的西缘。

画面内，主体部分是昂首挺立的两头猫科类猛兽。从遍体的条斑纹观察，似为虎豹之属。两头猛兽，一大一小，头向东方，通体突出表现了它们的条斑纹，但却故意略去头部特征，未作一点刻画。这自然也是特别有意的设计，绝非偶然的。立兽勃起的生殖器、下垂的睾丸，同样显目。长尾下垂，但尾端曲起，让人感受到它强大的力量。猛兽周围，可以看到三张满拉的弓弦及搭在弦上待发的利箭。弓箭后面，有一名潜伏的、作爬卧姿势的猎人。猎人形象已模糊不清，只说得上是隐约可见。但就近细看，用手触摸，还是可以见其存在的。这是一种有意的、艺术的处理，用以隐喻潜藏于林莽之中的情形？还是刻凿较差、自然侵蚀，成了今天这样的样子？这是留给我们的又一个问题。

笔者，倾向于前一分析，认为它是创作者的刻意设计。既要隐匿狩猎者的具体身份，也表现了隐匿难见的环境，是一种艺术的手法。

立虎、弓箭

另外，在通壁作祈求人类繁衍的刻画像上，出现这两支不显面形的猫科类猛兽，明显是在诅咒以猫科类动物为其图腾神的敌对部落，求其败亡，因此才用弓箭射向他们的图腾祖先。立意、追求，虽隐秘，但还是可以把握的。

立兽上部为一两性交合图像。比较醒目的两性交合动作发生在猴面人之间。猴面人作大耳、短额、尖下颏、圆眼、宽鼻，画面构图显示为一传神的猴头。无帽，头顶上见两支直立短角，颈、胸部位挂方形朱红色颈饰。舞动的手腕部，也见到带状腕饰。胸部稍宽，但总体看，自胸至臀几乎不见变化，不像女性有明显的细腰。双腿细瘦、躬曲向左。身体通高达102厘米。男性生殖器勃起如棍、睾丸也特别显目，生殖器指向，也是一个曲分双腿、左右张开的女性阴部。女性身高明显较男性为小，高只48厘米。男大女小，对比鲜明。对男性的歌颂，也显示在这一图像之中，女性除个体小这一特点外，面形未作刻画，只表现为阳刻的一个卵圆形头。女子右手上举到头侧，左手下指阴部。猴面男性的右肘及臀下，同样都悬挂着男性生殖器一类图像。

猴面人交合图

猴面人右侧，除一个孤立的头像外，还有另一组人形，显示着媾合动作。女像挺立，深目、大鼻、大嘴、面形稍显圆润，宽胸、细腰，双腿挺立、脚向右；而右旁则为一挺立的男子。勃起的生殖器正斜指向女性的腹下。男像头部已漫漶不显。

立兽的右旁，与兽头相邻，为一作舞蹈状的男性，生殖器挺起。臀下也垂挂一根男性生殖器。

自这组图像向左，目前为一片浓重的赭红、灰褐色水渍，覆盖了岩面。其下当年曾否存在刻画，已无法说清。

图像下方，是一片粗糙不平的砂岩，隐约可以觅见两三个人头像，但身体其他部分已不见痕迹。

五组：居两性同体人右侧偏下方，直至一条天然的断裂岩隙。

这组画面中，包括了一组明显隐喻两性媾合动作的男女及其下欢跳的小人；更右，又见两男一女的交合动作，以及一些显示生殖器的男子形象。

稍近于两性同体人，为一挺立的男子。身高 71 厘米，右向站立，无帽。脸型略近卵圆，面部形象粗犷，浓眉、大眼、大嘴、高鼻，清晰显示着男性的气势和力量。这一面型特点与其他基本属长圆形面相的男子形成鲜明对比，似表现着种族的差异。他右臂平伸，右手上举，五指伸张；左臂下垂，左手同样五指张开，把持着勃起的生殖器。生殖器显得特别粗大，长达 42 厘米，相当身高的一半以上，睾丸下垂。生殖器指向对面一亭亭玉立的秀美女性。女像通高 80 厘米，高帽著翎，面目清秀，宽胸细腰，两腿修长，曲线显明，形体俏丽，全身涂染成朱红色。两手上下翻腾，小腿轻抬，构成优美、轻松舒缓的舞蹈造型。在这组隐喻了男女交合的图像下，横列两排小人，上排 34 人，下排 21 人，上身前倾，极度躬腰屈腿，作热烈而整齐的舞蹈形。欢乐的情绪跃然于冰冷的岩壁之上。小人像由左向右逐渐趋矮，最高小人像 17

男女两性媾合，其下为两列欢跳的小人

至18厘米、最矮只13厘米。从这种形象有规则的变小看，似乎表现一种由近及远的透视，显示出艺术的写实性。

东端，小人群像被体型如女性、但具有男性生殖器的较大人物覆压。这一较大人物面型卵圆，高帽著翎，宽胸细腰，臀肥腿长。据这区岩画人物造型通例，这些明显是女性特征；但腰胯部位、勃起的棍状生殖器，显为男性，也是确定无疑。如是，应是先期雕刻的一位女性，根据新的时代精神，在腰部后加上了一条男根，标明了他的男性身份。这一人像的对面为一面容较粗犷，浓眉大眼高鼻的男子，水滴状臀下为两条细廋而躬曲的腿，同样有勃起的生殖器，这两个男性的生殖器相向而指，几乎碰在一起，其间为一曲腿分张的女性。两支男性灵根共同指向这一女性的阴部。女性个体很小，在这两个人物中间几乎被人忽略。她两腿曲分左右，自然也显示着两男一女间的媾合。如是关于两性媾合（一妻多夫）的描绘，画面不止一处，而且有为此目的将女性改为男性的刻画，清楚说明这有着实际社会生活的背景，值得关注。

两男一女媾合图

这两组性媾图像左上方，还有3名裸体男性。

值得注意的地方还有

在涂红女性的身下，可以依稀见到一支以阴线表现的似牛大兽，兽背上部有俯卧的人体，被覆盖在立女刻像身下。大兽头部空隙处，还有一支形体特征相当准确的小羊。用减地阴刻方法构成的三角块，很好地表现出小羊的腿部肌肉。

六组：位于画面右下方。岩壁上一条天然的裂隙成了它的上界。当年的岩刻创作，明显受到这条裂隙的影响。裂隙下岩面不是十分平整，侵蚀程度较重，画面上相当部分人物在数千年历史风雨的摧残下已不是十分清晰。

画面的中心部位，直立一长裙女性，身高达 1.05 米，全身涂染成红色。人物面庞近圆，似未着帽，不见翎羽。虽穿着长裙，但并未遮住她宽胸、细腰的女性形体。裙子款式可以归纳成圆领、无袖、喇叭形下摆。今天看，这款式也相当时尚。人物左肩上部有两根曲扬向上的飘带，长达 30 多厘米，两臂平伸、两肘上举、两腿直立。颈下胸前见矩形饰带，尤其不能忽略的是长裙下摆左右角，都见到棍球状的男性生殖器，或上翘、或下垂，相当伟岸。如是设计，似乎是在强调：这一红衣女性的左右，并不乏男性伴侣同时，也表明。男性在人类生育工程中有不同一般的地位。

这一着裙女性，是整个画面中唯一穿衣服的人物。

在这一人物上下左右，几乎都是裸体、显露生殖器的男性。

在着衣女像的左侧，有一头戴高帽，帽上饰 3 支翎羽的男子，右手上举、左手下垂，作舞蹈状。其粗大、挺举的生殖器，指向着裙女性，只是并未直接碰触。臀下，垂挂又一棍形生殖器。这组男女像之间，可见身形稍小的又一男性，挺起的男根指向在其左下、身形更小的舞蹈状女子。在他们的左边，另见 3 个男像，双腿曲起、生殖器劲挺，指向上述男女人物。

在着衣女像左手旁，有一组作彼此搂抱状的人物。一头上戴双角帽的人物，面庞粗犷，胸宽、腰细，俨如女性，但腹下有挺举的生殖器，臀下垂挂如男子生殖器的棍形物。他左手勾搂着一个面型宽圆的男子，同样生殖器挺举。

在着衣女像头部稍偏右上，有一组并头、齐身躺卧的人像。人物身体较修长，形体秀美。分别长达 96.5、86 厘米。其双手上举下曲，均作舞蹈姿势。着衣女像头部稍偏左上，为又一组并立人像，身形较小，臀下垂挂棍球形男性生殖器形象。

彼此搂抱的男子、齐身躺卧的人物、双人并列的画面等透露的文化信息是：在子嗣生殖繁衍的工程中，这兄弟搂抱的组合，具有不可

以直立、长裙女性为中心，多人媾合群像

轻忽的地位。它们与四围挺起男根的男像一道，是这一时段社会生活中氏族、部落人丁兴旺的决定性力量。

搂抱状人像的两旁，为多个人头，但不见身躯。再向右，可以看到又一躯挺立的女像，平伸的臂上见多个人头，不见身躯。女像右侧，又是几个互相叠压的人头。人头更右，为一躯女性像及两个勃起男根、颧骨显高的男性。画面至此，岩壁上有一条天然裂缝。

这组相当宏大的画面中，除上述比较清楚的图像外，在浓重的污渍中，还约略可见到一些头部轮廓、肢体的刻像及小羊等，互相叠压、错杂。但终是漫漶过甚、剥蚀较重，今天已难以完全清楚的描述、介绍。

七组： 居六组以下，稍偏右一点。

画面的内容、表现手法与五组画面中曾经说明的舞蹈小人近同。主体是30多个作整齐舞蹈动作的小人，排成一行，躬腰屈腿，整齐划一，严如一幅集体舞的速写。相当部分躯体残缺。而在这列舞蹈小人的左右两端，是两个形体较大的男女。左侧男子，十分清楚地显示出男性生殖器，右向勃起，指向右侧女性。女像头部缺失，只余躯体。在这列舞蹈小人的中段，另有两个舞蹈者，一男一女。图像右边，可以看到又一群人像，身形相对高大。中心为一身姿造型相当标准的女性，高帽尖翎、大眼高鼻、宽胸细腰、两腿修长。女子右臂平伸、手上举，她左臂平伸、手下垂。造型一如第一组画面中的女性人物。在她左右，有 5 位女性，面型、身姿基本相同，只是其中一位手臂动作迥异：左臂平伸、手上举，右臂下弯、手叉腰。腰下叠压着又一人之双腿。其右为一双手上举、生殖器挺起的男性。除不见对马图形外，与第一组

一组男女像中间，一列舞蹈小人

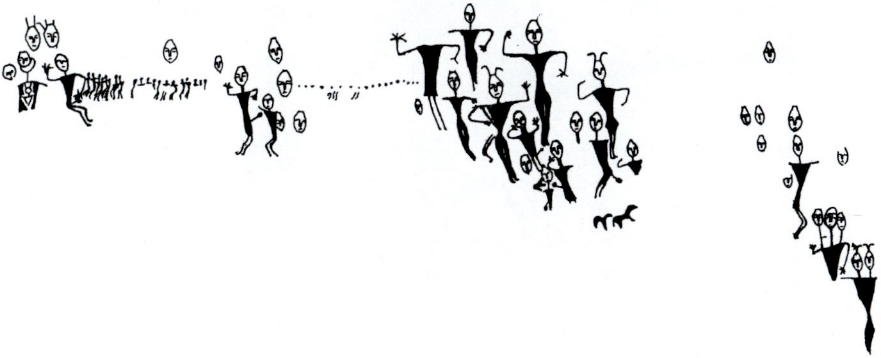

画面人物造型，颇有相似处。

八组：位于第七组画面之右，稍偏下。令人抱憾的只是这部分岩画不仅侵蚀较严重、石皮脱落，而且随岗峦上部流水下泄，厚厚的赭红色泥浆淤覆了相当部分的岩面，致使很大一部分图像显得严重不清，局限了认识的深入。

在部分刻痕较深、形象约略可辨处，可以看到不只一处的两头同体、三头同体人像。还有不少人头像，隐约可见，但身躯缺失。可以预见，在水渍清除后，仔细搜寻，当还会有新的人物显示在这一岩刻画面舞台。

九组：在整个岩画中，已是位置最下，最接近地面的一个画面。

画面是一个形体高大的男性。他头戴高帽，眼窝深陷，长颈、宽胸、

两头同体、三头同体人像

孤立的大头小儿刻像，几乎淹没在动物岩刻中

一个孤立的男性刻像，前方一片空白

细腰、肥臀，两腿修长，体形如女性。其右手上举，左手下垂作叉腰状。但腰际却伸出一特别长的男性生殖器。生殖器指向的前方，是一片相当平整、未见任何刻画的空白岩壁。

此外，在这区生殖崇拜岩画的附近，还有两区动物岩画，主体为大角羊、鹿形象。从丛密密的动物岩画中，有一个孤立的幼童形象：他头戴尖帽，右臂平伸上举，左臂平伸，右肘下垂，手指张开；脸宽圆，大眼，眉弓凸起，颧骨高；头特大，而身躯较小。腰间的男性生殖器几与大腿等长。这是一种着意的渲染。这一人物的风格自然是与前述生殖崇拜画面的精神完全统一的。让人费解之处在于：偌大的岩面，除了这一小人外，再不见任何人物图像。它与上述直立、把持挺举之生殖器男性人像，透露着同一精神：岩刻创作当年，曾经还有过相类的图像设计，但只完成个别刻像后，再未得可能从容雕凿、铺展。一件突发的社会变动使崇信、创作了康家石门子生殖崇拜岩刻的聚落群体立即停止了岩画创作。面对他们无法把握、控制的形势，创作者们随同所在部落群体迅捷离开了这片沃土，进行中的生殖崇拜岩刻创作，只完成了两个孤立的人物，空留下无尽的悬念。

在大概叙述了康家石门子岩刻画面的内容后，在此简单介绍一下这区岩刻的技法。岩刻技法，紧密呼应着时代、工艺。20世纪80年代，我们曾藉脚手架之助，仔细触摸、观察刻痕，分析其创作工艺特色。可以肯定，当年的艺术家们是用凿点方法先勾勒出人物的形体轮廓线。今天，站在地面观察人物轮廓线，线条十分洗练。而用手轻抚刻线，仍然可以清楚感觉到深浅不一的凿点。人物身体部分，如人物面部的浅浮雕效果，也是先经点凿而后加磨的。只是眉弓、鼻部，根据设计要求，保留了较多的岩体。面颊部分，都经过较细打磨。至于点凿的工具是否用了金属，目前无从得知。砂岩胶结并不太严实，在硬度不是很大的砂岩面上凿点，金属工具自然比较方便；如果没有金属工具，用硬度较大的其他尖锐块石，也是完全可以胜任的。

本书中所说的呼图壁且生殖崇拜岩刻画，主要就是指上面介绍的刻凿画面。1988年，我们在这里集中工作了近两个月，这期间曾沿着这区横向铺展的岗峦，或徒步，或骑马，进行过详细调查。内心总怀着强烈的期望：在环境相近的一处岩壁上，或许还可以见到相同、相类的岩刻遗迹。经过断续的、相当时日的努力，最后，只能得出明确的结论：在这片地区，不同性质的动物类岩画发现过不少，但同一性质的生殖崇拜岩画，则绝无所见。当年刻凿这区大型岩画的先民明显是视此为神圣的、不能取代的地点。所以长时段内，宁愿在这块岩石上反复加工、制作相关祈求子嗣生殖繁育的图像，并将它作为原始宗教、巫术活动的场所，而没有另觅过刻凿地点的。我们认为这一地点凝集着当年人们信仰，表现着他们的追求，代表着他们最高的艺术成果，具有不可取代的地位，这也是一个根据。追求氏族、部落子嗣生殖繁衍，为此展开的巫术祭祀活动，当年，曾是全社会最重大的事业，必须选择在特定地点、特殊时间去实施。因此，这样的事业、巫术活动，只能出现在一个极为神圣的地方，不能是随处都可以进行的。在实践中、在不断的自觉批判中、在严肃的寻求与探索中，我们也一天天深化了自己对岩刻的认识。

三 两性同体石雕像

1988 年，为寻求与康家石门子岩刻文化内涵相同、相近的遗存，我们曾经在岩刻遗址东西，进行过相当深入的踏查，但未有所获。刻意的追求，不一定会有发现；偶然的际遇，有时倒可以获得重要的信息。

十多年后，呼图壁县雀儿沟乡一位哈萨克兽医在康家石门子岩刻附近，就偶然发现了一件高达 60 多厘米、直径达 20 厘米的长条形雕像。雕像形如男性生殖器，一端作人头形，脸型宽圆，双眼若圆窝，鼻部微凸起，颏下似有胡须，意为男性。与这一男子头形对应之又一端，刻凿出卵圆形女阴图形，其间为一道鼓凸之棱脊。据收得这件文物的县文管所原所长张风祝介绍，这位哈萨克兽医，长年为牧民服务，马是他的代步工具。山谷、低丘，纵马驰骋，来去于牧群之间，也是一种乐趣。一天，信马由缰走到生殖崇拜岩刻遗址南边不远的一座小丘顶部，在向阳的一处沙碛中，看到圆雕外露的端头。这不是沙碛中应有的现象，出于好奇，下马将石雕圆柱拉了出来。圆柱形若男根，一端有男性人头，又一端有女阴刻画，不必费神，可以一目了然。

两性同体石雕

兽医随即将石雕搬回家中，又将发现告知了县文管所。于是，文物为呼图壁县文管所收存。石雕虽难说精美，但却十分传神。从选材、修料、琢打出男性生殖器造型，更在一端凿出人头、人面，另一端琢磨出女阴造像。这明显是凝结着精心设计、不小雕琢功夫的艺术品。如是一件圆雕，自然不可能是随意的作品，它生动又深刻表现着特定的时代精神。出土这一两性圆雕的地点与岩刻遗址一样，揆之常理，也不会是一个平常所在，应该也是一处当年庄重实施生殖崇拜巫术的圣地，是与岩刻画遗址具有同一精神、彼此可能存在关联，文化上可以互相补充、互相发明的重要遗址点。

听到这一发现后，内心始终存着一个悬念：一定要找到发现这一遗物的人，求得他的帮助，实际观察、了解它的出土现场，解析相关遗迹，觅求古远先民曾经在其上施展过的祈祝、祭祀活动，尽可能更多一点寻求到已经失落的历史文化信息。遗憾的只是知道这一消息时，我已退休，离开了新疆。从北京返回新疆，现代交通虽不难，但要觅得一个合适的机会，实际也并不易。

这一发现后，我有一年到了呼图壁。在县文管所目验过两性同体男根形圆雕后，追问过石雕出土情况，竟不得要领。思想中深埋的悬念，一直就无法放下：这一圆雕出土处究竟是怎样一处遗址？是否有什么祭祀遗迹？它的形制如何？还有什么共生的遗存？如是等等，拂之难去。

2012 年 11 月初，因为有了写作这本小书的稿约，就专程由乌鲁木齐到了呼图壁。与县文体广电局领导曾伟、林长全，现任文管所所长高莉及已退休的张风祝一道，到了康家石门子岩刻遗址现场，希望追寻到更多一点出土两性同体圆雕刻石的细节。当年发现这件文物的哈萨克族兽医竟已于三年前去世。曾经直接与他接触的张风祝遥指岩刻画南面不远的一处山头，说："圆雕就出土在山丘顶部向阳的沙土中”。本拟循迹前往，却又是天色向晚。我自己的腿脚也已不如20年前，只得又将这一愿望压了下来，带着同样深深的遗憾，返回了县城。这一悬念，当在条件可能时，再作探寻；也希望呼图壁县文物保护部门的友人们，发挥自身优势，觅得相关遗存的诸多细节。

我之所以对这么一件两性同体男根形雕像如此关注，实际因为它深深关联着康家石门子岩刻中多有所见的双头同体人像。这类双头、三头两性同体人像，除高若真人、居于岩刻画中心的那幅画面外，在岩刻右下部，类似的双性同体人像至少还有3处，其中一幅画面为3头同体形象。这说明，在设计、完成岩刻画的当年，岩刻主人们心灵深处，对这类双性、多性同体刻像是十分在意，因而才进行刻意表现的。如是刻像，与他们当年的精神生活、内心追求、思想信仰，肯定有着重大关联。更浅白一点说，相关刻画，关联、表现着当时、当地居民的时代精神，表现着社会追求。在探求岩刻的文化底蕴时，是绝对不应轻忽的。岩画画面比较单纯，留给我们的只是一幅凝固在岩壁上的双头或三头同体画面；而与此类同，花费过更大的创造性努力，才得完成的双性同体男根圆雕像的地点或许就可能保留着更多的相关文化细节，可以助益于剖析这一文化思想迷局。

两性同体刻画、雕像，康家石门子所见，并不是孤例。类同的文化遗物，在国内外考古文化遗址中曾是多有所见的。这表明，它体现着一个特定时段的社会文化，具有普遍性的意义，不能小视。这里只以手边的国内资料为例，稍予申述。

在四川巫山大溪文化的墓葬中，曾经出土过一件双面石雕人像，利用黑色火山岩阴雕出双面人头，在高只6厘米的雕像上，睁眼、直鼻、张嘴，但脸形有丰腴、瘦削之别，是为不同性别之显示。

青海乐都柳湾马家窑文化马厂类型墓葬遗存中，出土过一件人体彩陶壶。陶壶高达34厘米，自陶壶之肩至腹，涂敷一层红色陶衣，

大溪文化双面石雕（采自《中国美术全集》）

彩绘两组对称的环圈纹。环圈之一，捏塑出两性同体浮雕人像。小眼、高鼻、硕耳、张口，乳房、脐、阴部袒露。乳房丰满，特别用黑彩绘出乳头。双手捧腹。阴部既显男性，又显女性特征，明显是具有地区、时代特点的两性同体造型。与两性同体像对称位置，环圈内，为生动、传神的蛙纹。蛙，古代先民曾视它具有强大生殖繁衍的能力。这一图像，揭示着这件陶壶的内在文化精神。

内蒙古大口文化中，出土过陶缸，缸体捏塑浮雕人像，具女性乳房，但下体为男性，是又一种两性合体造型。

河南安阳殷墟妇好墓，出土过一件玉质男女合体裸像。男性作椭圆脸，双目微突，大耳，长宽眉，双手置于胯间，显示男性生殖器；

另一面为女性，弯眉小口，双手置于下腹部，显露女阴。这又是一件两性同体的裸像。

内蒙古昭乌达盟宁城南山根，夏家店文化上层，出土过一件两侧曲刃青铜短剑，剑柄上铸有裸体立像，一面为男性，双手扶腹，男根突出；一面为女性，双手上提交叉于胸前，女阴特征同样十分显明。

知名文化人类学家宋兆麟收存多件这类文物，笔者曾目验相关标本，据称出自内蒙古东部红山文化遗址中的 3 件手制灰陶罐，其一，鼓腹、袋足、小口，罐口部捏塑、刻画出三面人形，下体两人刻画了男性，一人为女性，又两件陶罐均作两人合体形，下体显明为男、女性不同特征。

近年，新疆于田县达玛沟北部沙漠废墟中，文物盗窃犯曾窃得一件两性合体红陶像 . 男性浓眉大眼多须；女性头饰七组花冠，大眼直鼻，颈饰项链，面容愉悦。作彼此交拥、搂抱形状，可能是唐代以前的珍贵文物。

表明两性同体与人类生殖繁衍相关的最常见图像资料是汉代以来全国许多地方都见到的伏羲、女娲画像。像呈人首蛇身，胸腔以下部

内蒙古东部红山文化遗址出土陶罐

内蒙古东部红山文化遗址出土陶罐，男女两性同体

分，身体交合为一。山东、河南等地汉画像石上，这一图像多有所见，西域大地上的吐鲁番，在晋—唐时期的古代墓葬中，也发现过不少这一主题的麻布画、绢画。女娲、伏羲是华夏民族中的始祖神，彼此交合而生人类，这是神话传说中大家都了解的故事。这一两性交合的图像，手执规矩，上下有日月星辰环绕，直接昭示着它们在茫茫宇宙中，完成了人类的生殖。

这类两性同体文物，早到新石器时代，晚到汉、唐；文物涵盖地域，几乎及于全国各地。突显这种两性同体人，它们后面的文化精神，曾是普遍性的存在，其思想内涵，是我们今天必须认真分析、探求，不能疏忽的。

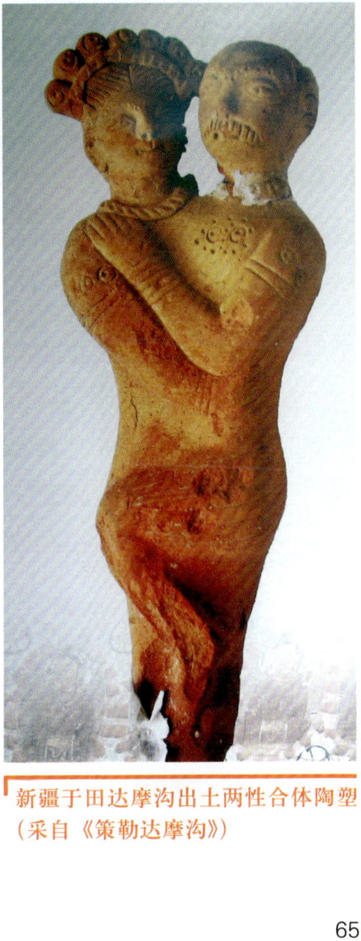

新疆于田达摩沟出土两性合体陶塑（采自《策勒达摩沟》）

吐鲁番出土女娲、伏羲图

这类两性同体形象不仅在考古文物中多有所见，在民族学资料中，也可以觅见不少，这里也略举数例。

甘肃庆阳地区，就有一种民俗习惯，夫妇新婚，要贴一种喜花。喜花中一组形象就是双人同体，两头合一身的人物，一侧为男，一侧为女。应该表示着新人的交合。在相关人头、肩、膝上，均见对鸟，阴部，还孕育一个男婴，男婴双手各提一兔。喜花的寓意很明显，是为了多产多育子嗣。

在内蒙古自治区呼伦贝尔市的达斡尔族中，信仰“喀拉尼——喀恰尼”神。这是传说中达斡尔族的祖先神。而木雕的“喀拉尼——喀恰尼”像，则作两头、两腿，两性合体。作为达斡尔族的保护神，它主宰生育。主宰生育、子孙繁殖的神，做成两性合体的形象，显示了同样的思维特点。

这类民族民俗文化文物，制作时代自然是比较晚的，但它们直白表露的祈求新人在家庭生活中生育、繁衍子孙的文化祈求，可谓一目了然。这自然为我们破解这类两性同体文物背后的文化密码，提供了直接的提示，表明这种文化思想具有极其强大的生命力。从远古的新石器时代顽强地延续至今。这样分析大概不算离谱。只是总又感到这样一种简单、直白的解读，并不能完全揭示当年康家石门子岩刻主人在双性同体雕刻中寄托的社会精神生活的全部。一个最明显的事实表明，如在康家石门子岩刻画、红山文化灰陶罐中刻意表现的三人同体、两男一女同体图形，就明显是并不能只从男女交合、子女繁衍这一角度作出充分、合理的解析。这类刻画、雕塑应该还有更深一层的历史文化内涵，需要我们去追求、去认识、去破解，以吸取这一珍贵刻石提供给我们的全部历史文化营养。

四 其他岩刻画

岩刻画遗迹，在新疆的几大山系中，是随处可见的文化现象。天山自然不会例外。在康家石门子生殖崇拜岩刻画遗迹附近，我们虽然没有能寻求到与康家石门子岩雕画相同的遗迹，但却寻觅到了主要是表现古代先民狩猎、征战生活的一些画面。彼此内涵迥异，相互比较，可以深化我们对康家石门子生殖崇拜岩画的认识。

不论是谁，来到康家石门子岩画点以后，都会注意到，在西去不过近百米、比较平整的砂岩面上，还有另一片岩刻遗址。在这岩刻上可以看到一只又一只昂首挺立的大角羊和间杂在羊群中的马鹿。形体刻画虽显呆板，但却也多少揭示了当年天山深处野羊成群、马鹿欢跳的生态景观。在羊、鹿的簇拥之中，前文已说明，在这里也见到一个裸体男像。从形象特征到身姿动作，它都肖似于东面不远处生殖崇拜刻画上的人物。这又一次引发我们思考：在这里，当年人们也曾有过在岩洞、泪泉旁开拓另一区生殖崇拜岩刻点的计划，并且已开始进行刻画。但事情刚刚开始，却又终止了这一行动。于是，一个孤立的男子，被围绕在了羊支与鹿群之中。

关系人们物质生活，这处以羊、鹿等动物为主体图像的岩刻点，主要使用线刻，只显示羊、鹿的形体轮廓。刻凿技术比较朴拙，并没有能很好表现有关动物的主要形体特征。将生殖崇拜岩刻画面上填补空间的一些小动物如羊，和这里的大角羊比较，后者呆板、无神，缺少生气、活力，工艺水平远较前者为低的情况，也可一目了然。

须要注意的是，这种刻凿技法朴拙实际并不一定意味着刻画年代更为古老、内容更为原始。在这区岩刻的下部，一条宽十多厘米的较为凸出的石棱上，仔细搜寻，就能见到可能是古代文字的遗迹，如“X”、“Ч”、“Ⅰ”、“Ⅱ”等笔画，似古突厥文。在天山深处的峭壁上寻觅到突厥文字母，而且又与这类岩刻画存在关联，无论对突厥文、突厥历史文化研究，或对判别这区动物岩刻画的创作年代、创作过程，自然都是有意义的。前述字母的刻线很细，也不深，刻画在这区岩刻画下部一道石棱上，启示人们：它的刻画是在已见动物图像岩刻以后。这个现象有助于说明，动物形象岩刻的完成，应该在公元5至8世纪或更早一点的时期内。在动物形象的刻石上，还可以看到20世纪70年代、80年代的现代维吾尔文题记，不外乎是某人到此一游类的涂鸦。

由这区动物岩刻点顺着东西走向的岗峦，缓缓西行，到开来希穷库尔，距离不过四五公里，也找到过三四处动物形象或表现狩猎生活的岩刻。奔驰的大角羊、低头食草的牛，怀着警惕、凝神注视周围环境的马鹿，以及他们受惊狂奔的形象；也有在弯弓待射的猎手们面前，大角羊惊愕欲逃的瞬间……这些山区草场上不难见到的牧区风光、狩猎景色，可以称得上是古代天山牧区生活图。无论题材、刻画技术、还是思想内容，从任何一个方面去比较，都与康家石门子岩刻异趣。它们平埔直叙地记录着民间生产、生活凡事，日常生活的气息扑面而来。鹿家石门子岩刻与这里的岩刻明显是文化内涵不同、时代有别的两类文化遗存。

从康家石门子沿涝坝湾子沟东南行，过康拉尔沟，地理环境、山体景观彼此差别也不大，只是莽林深密。偶尔一两顶白色毡帐出露在万绿丛中，使人感到亲切。行程也就三四公里，却差不多费了两个小时，才抵达俄来艾赛沟。在近山脚的峭壁上，发现了又一处岩刻。在稍稍平整的砂岩上，用点凿的技法刻凿了一个持盾、执长兵器的武士。胯下有长尾，脚下似乎有一个被击倒在地的人物，已失去了反抗的能力。

但刻线极浅，使人难以捉摸。

在俄来艾赛沟的尾端，有一条纵向的低矮山梁，铺展远去。一块十分不起眼的长不过50厘米、高只25厘米，胶结不实的赭红色砂岩孤零零地暴露在低丘的顶部。太多的风侵雨蚀，岩面粉化，表层砂质触手即落。就在这么一块砂岩上，一幅别具特色的岩刻吸引了我们的注意。

在象征了浓密丛林的四棵大树下，有两躯人物形象。头部饰长长翎毛，并列安坐。一个人物，面部形象清楚，眉、眼、鼻、嘴比例适度；另一个人物则面部、腹下满布凿点，令人难解其意。人物形象不同，装束有异，推测他们可能有性别的差异。在古代中亚大地活动过的塞人，在他们关于人类繁衍的神话中，曾有生命之树的传说。这端坐于丛林之中，形体有别的一男一女，是否与此存在关联?

东沟是在康家石门子东南的另一条山沟。不宽的沟谷是天然的草场。散落在草场上的几顶毡幕，牛、羊星星点点，一切似乎都还没有浸染上现代文明的印痕。逶迤铺展的山峦绵延起伏，克色克沙岩刻点就在这沟谷内一区陡然耸起的石岗上。

一块不到两平方米的油黑色岩面上，可见列队行进的骑士、弯弓待射的弩手，凝神伫立、保持高度警惕的岩羊，悄悄行进的狐狸。骑手居于砂岩的中上部，手持长兵器，头戴高帽。最前面一人上身前倾，持矛刺向一匹牝鹿。鹿颈特长，昂首挺立。尾随的3人，上身挺直，长矛斜指天空，是准备击刺的动作。这列骑士虽只4人，但最前面的骑士已走到岩石边缘，最后的骑者，则刚刚进入岩边。这种充满整个岩面的布局，使人有了骑士们浩浩荡荡、前不见头后不见尾的感觉。最后的骑士不仅手执长兵器，而且尾随驮负重物的骆驼。这列骑者上方还可以见到相类的执矛牵驼的武士，随行的马、执兵器的骑士及执弓的步兵。武士情绪统一，前进方向一致。岩画凿刻技法相同，无疑

呼图壁克色克沙岩刻，列队进行的武士及动物

是同一时段的作品，只是刻凿较浅，不经仔细揣摩或利用阳光角度变化而显示的阴影就可能会被忽略。唯一身姿巨大，刻凿亦佳，壮健有力的大角羊，十分显目。其形体比例、体貌特征，都比较准确，任何人站身在砂岩前，都会被这一形象所吸引。它的刻凿技法稍不同于人物。羊头、颈部为阴刻，前后腿及下腹则用轮廓线表示，技法娴熟。骑士下部的岩羊比较平淡，但悄悄行进的狐狸表现出高度警惕的神情，却非常传神。

近旁的几块砂岩上，刻凿有牛、鹿、人持矛猎鹿、大角羊类的画面。

克色克沙岩画吸引我们注意的还有一点，这就是刻凿的方法。它与康家石门子岩刻有明显的相通之处：使用凿点技术，联点成线，形成人物或动物的轮廓。轮廓内经琢磨，形成稍低于岩画的阴刻图像。

这几处岩刻从画面内容、刻凿技法、工巧与稚拙的明显差别，可以感受到它们不会是同一时段完成的作品。歌颂争战，祈祝在与敌对势力搏战中取得胜利的岩画刻凿在一条天然谷道的旁侧岗峦上。这天然谷道应该是出行、征战的交通要路。用这样一组歌颂、祝愿征战胜利的刻画祝福勇士们胜利出行或归来，自然是相当理想的。

距离克色克沙不远的盖定廓勒，岩刻画面别是又一番情趣。

盖定廓勒岩刻是在一块不大，但地势平缓，青草如茵的山谷盆地上。兀然耸起的一座孤立的、形貌诡谲的岗峦，它地势不算高，登临也不难，但站身在岗峦上，周围的景色倒也可以尽收眼底。

岩刻的主要内容是大角羊、马鹿、骆驼，也见到传神的毛驴，持矛相向的武士。羊类动物形体刻画显得呆板、无神，部分形体已近几何形，更少艺术的韵味了。只是毛驴的体形和竖立的双耳刻得相当传神。毛驴，在岩画中，是很少见的动物形象。

数十天的踏查，我们的足迹留在了康家石门子附近的山沟、石岗。不论是来自牧民的各种各样的信息，还是根据地势、岩壁特点分析可能存在岩刻遗迹的所在,我们都逐一进行了踏勘、调查。经过这番工作，最大的收获是取得了更明确的认识：康家石门子岩刻点，不论从自然地理环境，还是刻画内容本身，确实都不同于一般。它毫无疑问凝集着古远先民特殊的观念、意涵。

五 岩刻前的烧火遗迹及殉马古墓

岩刻寄托着创作者所在氏族、部落祈求人丁兴旺的强烈意愿。这种祈求要得到实现必须得到上天的佑助。为此，就得用适当方式将祈求呈诉给上天。请巫师作法是古代先民使用过的最一般的手法。因此，这类岩刻点就必然与相关巫术活动密切关联。

康家石门子岩雕刻画所在峭壁前，有一块长达 50 米左右、宽约 10 米的平缓空地。地表堆积着一些峭壁上崩落的巨大块石。块石曾经长时间大火烘烧，不仅颜色红褐，而且石质疏松。此外，更多是厚积的牛、羊粪便。峭壁底部、石壁上也可以看到曾经长期火烧烟熏而留下的褐红色迹痕。这一面积不大、但稍可供人活动的平缓地带形成了岩画峭壁前一处天然的小舞台。

峭壁下是斜向沟谷溪流的缓坡。千万年的雨水作用使得这区倾斜的漫坡上，莽林、杂草丛生，但也颇适宜于群

呼图壁岩画周边景色

体性的活动。

这一地貌成就了这区岩刻遗址又一特别的形势：峭壁下的平地，成为可供巫师作法的空间。它居高临下，无限威严、无限崇高，俯视脚下缓缓铺展的大地，虔诚、膜拜的人群。这形势可以极度强化人们祈愿的心态：熊熊烈火前，是高高在上、狂热舞蹈、大声祈祷的巫师——他们的精神领袖；是可以通达上天、将部落众生虔诚渴望多孕、多育的祈求，呈达向掌握人类命运之神的使者。

为对岩壁下积土有一点具体的认识，我们曾组织进行过发掘，先后开掘过四个小探方，按考古规程，逐层下清。表层都是牛、羊粪堆积，也有现代的瓷片、玻璃片、塑料制品，以及清代铜钱等等。不言而喻，这是现代的物质文化生活遗存和仍然每天都愿意在岩壁下活动的牛、羊群的排泄物。清理去 30 厘米左右这一表层堆积物后，下部主要都是灰烬、炭粒（包括已成炭灰的羊粪）、烧骨，这些都是长时期大火烘烧的遗迹。最主要、也具有说服力的资料是在探方中见到的不少巨型块石。较大的块石长、宽或至 1 米以上、厚度也在数十厘米至 1 米上下。这类巨石上下左右都是红、黑色烧土、灰烬，而巨石不仅颜色红褐，而且可以看到长时间烤炙、燃烧后的裂隙。探方剖面，是一层红、一层黑，厚积的烧灰，最深近达 4 米。限于时间、经费，当时没有能掘至生土。深厚的烧灰，明显是大火烘烧的遗存；而黑色灰土应是先经火烧，而后覆焖，严重缺氧，导致包含的有机物炭化而形成的遗存。这种遗存清楚告诉我们，在岩画所在的峭壁前，确确实实曾经有过长时间反复进行的烧火仪式，而且延续过相当的年月。至于探方中不只一块的巨石，从石质可以判明，它们是峭壁上部岩块。坍落后，自然堆积在了峭壁下。复经长时间的烟熏、火燎。经受了烟火的烧炼，才形成这一场景。

我们的发掘深近 4 米，仍未到底的烧火灰烬，虽然其中并未发现有时代特征的文物，而只是普通火灰。但却为我们具体、形象地展示了一个重要的历史画面：在已经湮没在历史长河中的一段岁月里，在这条寂静的、少见人烟的山沟中，在兀立的、形象雄奇的岗峦前，在刻凿着裸体男女群聚欢舞的峭壁下，确实曾经有过特殊的时日：那时，这里篝火熊熊、浓烟缭绕。在烟火弥漫之中，部落中具有神圣地位的宗教领袖——巫师，在这里念念有词、手舞足蹈。匍匐拜倒在篝火前面，是层层密密的、纯朴而善良的部落子民。在火光冲天、声响沁人心魄、欢歌狂舞的气氛下，人们热血沸腾，沉没在忘情失态之中。这大概曾是当年天山深处的古代居民不时展开过的重大节日，是他们为族群的兴旺、部落子民的生殖繁衍而奉献一切的时光。这种无拘束的、极度自由的狂欢，自然可以推进部落青年男女的交接，为部落人丁的繁衍奉献力量。大量民族民俗遗风启示我们，这样的节日，在原始氏族生活中曾具有十分不同寻常的地位。它的余韵、脉动，在今天的澳洲、非洲等地的狂欢节中，还可以被感受到。可见人类的文化精神是在同一文化轨道上行进的。

为了寻求当年刻凿岩画的古代先民的遗迹，我们还曾在刻石附近的岗峦、沟谷、山坡进行过认真的考古踏查，精细观察地貌、地物，希望能寻求到任何一点显示异常的文化现象，从而觅得失落在大地深处的祖先们的生活鳞爪，帮助认识岩刻主人们丢失在历史长河中，自然也被他的后代子孙们遗忘了的历史篇章。结果虽并不十分理想，但也没有完全使人失望。得到的收获主要是在西侧岗峦山脊上寻找到一列南北向铺展、封土并不高的古代墓葬。它们掩覆在浓密的草丛中，不直接走步到它的面前，很难发现它们的存在。

我们工作的临时驻地，是面临涝坝湾子河谷的两间土房。背后就是相对高度不过四五十米、有古代墓葬遗存的低矮山丘。工作之余，偶尔漫步，这条相对高度不大、坡势还缓，而且漫山都是碧草、鲜花

岩壁前的石台

的低山，自然就成了一个理想的去处。在这低矮山丘上的一列古墓群，很快就落入了我们的视线，成了我们发掘的目标。

这列古墓群，共 12 座，一线排列。从外观看，它们与公元前 1000 年期间塞人、月氏、乌孙等古代民族埋葬先人的习俗是类同的：墓丘成南北方向展开，早晚有序。块石铺成的圆形石堆微微隆起于地表。块石堆直径一般在六七米左右，根据在新疆伊犁河地区曾有的考古工作经验，毫无疑问，它们是公元前新疆地区古代民族的墓葬遗存。

为了比较具体地把握这片地区古代民族活动的情况，我们选择一座墓葬进行了发掘。清除堆石、积土后，长达 4 米、宽不到 2 米的矩形墓穴显露出来。墓穴深达 4 米。墓穴内有片石拼合而成的石棺。墓主人是一成年女性，随葬的衣服上，曾缀金饰，身份似乎不一般。大概正是受这种财富的诱引，墓主人入土不久，盗墓者即寻迹而至。可能因为女主人帽发上有缀饰的金质制品，盗墓者把墓主人的上身拽出了石棺外。经过这番盗扰，墓主人的骨架已不在正常的位置上，而是斜置在墓室一边，半架在棺外。原来缀附在衣服上的金饰片，大多已被窃取。只是在墓底片石缝隙之中，我们清理到了两小片金箔，它们是盗墓者劫掠时的失落物。崇尚黄金，并且积累有大量黄金财富，是当年塞人的一大特征。棺室内其他足以显示当时物质文明情况的随殉文物，已被洗劫一空。所幸的是在棺室外，居于墓穴东端，还有一个殉马坑未被盗扰。殉葬坑内，一架保存完好的马骨，及随马而在的一套骨质马具都还完好。它们显示出公元前四世纪以前的风格。这些对我们认识附近岩刻遗迹自然不失为参考资料。遗憾的是，当年因故并未能对这列墓葬进行全面发掘。但是，这是一件可以在未来继续展开的发掘、分析、研究工程。

第三章

生殖崇拜
——一个古老而神圣的信仰

追求生殖能力，是人类精神世界的最核心的祈盼。阿勒泰山中赭绘女阴图、罗布淖尔荒原小河墓地、阿勒泰山区骆驼峰发现的鹳鸟啄鱼图等，均表达了这种愿望。古希伯来和古希腊文化中有长久的对男性生殖器的崇拜传统，十字架亦有此意义。中国新石器时代考古文化遗址常常出图陶祖、石祖、玉祖等，可说是生殖崇拜信仰中最坦白、最直接的实物资料。生殖崇拜，从本质上说其实是体现了不同民族传统文化中对宇宙、自身、伦理等方面的最基本认识和最虔诚信仰。

一 新疆大地所见生殖崇拜遗痕

人类对自身生殖能力的追求，在蒙昧初开后曾是古代先民精神世界的核心之一。其作为一种重要的文化精神支柱，自然在他们的生活实践中留下了种种遗痕。康家石门子，这处重要遗迹，显示出灿烂的早期生殖崇拜文化辉光。它自然不可能是孤立的存在。爬梳近半个世纪的新疆考古，与此精神相通的古迹，可以说是屡见不鲜。大者有恢宏如小山、似庙堂，小者则若爪痕、如鳞片。它们延展过久长的岁月，经久不息。这里略举数端，以见它们与小到康家石门子、大到古代世界文明间，既富共性，也具个性的特色。

阿勒泰山中赭绘女阴图。阿勒泰山富蕴县唐巴尔塔斯洞窟彩绘，它的创作年代，可能要追溯到旧石器时代晚期，绝对年代约在去今一万年前，是一处典型的祈祝女性生殖能力的绘画。

1964 年至 1965 年，笔者曾集中精力，在阿勒泰山区考察过两年。其间，曾进入“唐巴尔塔斯”（意为“画图的石头”）洞窟。彩色斑斓、满溢神秘意味的图像，令人眼花缭乱，但当时却未能洞悉其要领。多年以后，才在“生殖崇拜”之中渐渐品味到了它的文化内涵。

山洞所在，海拔 1020 米，地势不算高。较之傍近山村民居，相对高度大概只有 25 米，来去并不困难。洞前地势为缓坡，草被茵盛。自洞口外望，视野开阔。一片很大的空间，适宜于群体活动。是十分理想的、施行生殖巫术、接受信众们的膜拜之地。

山洞形势，它处难觅。洞口朝东，洞体较高大，相当幽深。口宽约 20 米、最高达 11.5 米、最深达 11.8 米。自然形成的洞体，并不规整。岩层经长时间风雨剥蚀，洞口虽宽，但入洞后渐深、渐收、渐小，也逐渐幽暗。根据这一形势，联系及洞窟内绘画内容，豁然而得联想：它的总体形象，大概曾经予原始先民以“阴户”之启示。古人思维，混沌初开，观察自身及身边种种事物，是他们认识世界的主要手段和重要途径。以身及物，将自然界的山洞，视同如人体的命门，今天看去虚妄，古远极可能却是初民的联想。山洞中的赭红色彩绘表现着曾进行过的生殖巫术活动，既是曾有这一联想的证明，也是利用这一联想寻求强大生育能力的实践。

赭红色岩画散布于洞顶、内壁、侧壁，似乎没有秩序可循。细细辨析岩画内容，主要就是巨大的卵圆形图像，其他还有尖顶帽盔、几何形徽记、手印等。居于最显目处所，明显构成绘画主体的，是四幅巨大的卵圆形图，加上另三幅稍小卵圆形图，共达七幅之多。最大两幅卵圆形图，面积为 75×78 厘米，铺展面积达 0.5 平方米。赭红色地上以多道黑色墨线（或白色线）绘出卵圆形，形若女阴。洞窟顶上，有以赭红色线绘就的几何形徽记，旁边有手印。尖形帽盔共有两顶。盔顶下为人面图形，眼、鼻、须发、眉毛齐备。这戴尖帽、面形清楚的绘图，前人进行过考证，是神巫“萨满”的象征。至于几何形徽记，大概是某一部落的标志，标示着这一祭祀场所的主人。其他氏族、部落群体，是与这一神秘洞窟无涉，不能享受其佑护的。而五指伸张的手印，既是氏族主人的身份标志，也是最大数

阿尔泰山唐巴尔塔斯洞窟彩绘

值的显示，表示祈愿目标，可以最充分的实现。洞中绘图，以女阴为主体。只是大小不同，表现手法略异，说明不是成于一时。但作为唐巴尔塔斯山洞绘图之主体，具象清楚，意涵也十分明确：它的主题，就在于女阴崇拜。在原始社会早期，人们不知子嗣繁衍机理，于是曾把子嗣生殖与母亲、女性联系在一起。女性生殖器，是婴儿来到这个世界的命门，自然就成为了原始社会早期人们首先崇拜的对象。硕大的女阴，标示着生殖能力的强大。人们图绘女阴，通过萨满，向上天表示了祈求：护佑母亲们生育力量旺盛，生育出数量庞大的子孙。氏族、部落由此才能人丁兴旺。洞前开阔的地势，也十分方便于全氏族、部落，尤其是其中的女性成员顶礼膜拜。

早期原始社会的先民崇拜女阴，自然就会关注它的外形、它的构造，并努力在周围世界中寻找与之相似的自然物。在原始、蒙昧的这一阶段，他们虔信万物有灵，人有生命，植物、动物、山体、河流，都是和人一样存在着生命的。植物生长、动物繁衍、人类生育，同样都是生命在延续。与女阴外形相似的山洞，在他们的心目中，自然是十分神奇的、不同于寻常的所在。在这样的地点实施巫术祈祝，他们相信，可以获得生殖繁衍的力量。唐巴尔塔斯山洞，所以成为巫术祭祀的中心，并在其中绘出硕大无比的赭红色女阴图像，遵循的当是这一原始思维逻辑。这一珍贵遗存，也自然为这一时段盛行的女性生殖器崇拜，提供了比较典型的例证。在人类社会早期，人们确实是将子嗣之繁育，视为只与母亲相关的。后文将详细介绍的世界各地的母体崇拜，可以帮助我们深入一步认识这一点。

罗布淖尔荒原小河墓地。所谓“小河”，是孔雀河上一条小小的支流，长不过 60 公里。上世纪初，在小河尾闾地带，罗布淖尔猎人艾尔得克曾发现过一处景观奇特的古墓地，被他称为“伊比利斯（意为魔鬼）守着的 1000 口棺材”。1934 年，瑞典年青的考古学者 F. 贝格曼，在艾尔得克导引下调查、发掘了墓地中 12 座墓葬。在稍后于斯德哥尔摩刊布的《新疆考古研究》中，详细介绍了有关发掘资料，称它为“小河五号墓地”。2000 年末，笔者偕友人找到了这片已在人们视野中消失达 66 年，埋没在沙漠中的墓地。2002 年至 2004 年，在伊弟利斯·阿不都·热苏勒的领导下，新疆考古所对这片高耸如小沙山的墓地进行了全面发掘。从上到下，墓地共见 5 层，彼此叠压，早晚先后层次分明。最早的墓葬，绝对年代约在距今 4000 年前。最晚的墓地，差不多距今 3500 年前左右，前后延续总有 500 年的时间。因为地处沙漠，极度干燥，棺木、人体、随葬衣物都保存得十分完好，未见朽烂。因此，这些发掘资料成为了研究罗布淖尔荒原上早期居民经济、文化生活的重要遗存。关于墓地主人的种族、民族、经济生活、观念形态、与周邻世界的关系等，是当今学术界议论的热点。我们这里不涉及这些问题，只介绍弥漫在这片墓地上炽烈的、令人印象深刻的生殖崇拜文化气息。

说小河墓地凝集着浓烈的生殖崇拜文化精神，只从贝格曼 80 年前的报告、新疆考古所已刊发掘简报，就可以作出肯定结论。在今后完整刊布小河墓地发掘资料后，相信素材会更为丰富，人们会有可能在这一点上得到更充分的收获。

说小河墓地居民存在炽热的生殖崇拜，有以下几个方面的资料。

最主要的、也可以说是普遍性的现象，是在已掘约 200 座墓葬中，几乎没有例外，男性墓前都竖立女阴立木，女性墓前都竖立象征男性生殖器立木。女阴立木涂染成黑色；男根立木涂成红色。部分男根立木上还见到以草茎捆扎出的卵圆形，似若女性生殖器。第二个现象，不少女性遗体腹下，都垂挂木雕男性生殖器。这类木雕男性生殖器，长 10 多厘米，粗约 2 厘米。与真实的男性生殖器大小相似。中空的腔体内，涂染红色，放置蜥蜴头骨。蜥蜴，不少考古、民俗资料说明，

小河墓地女阴立木、木雕男性生殖器、男根

在古代人们的观念中，是可以助益生殖繁衍的。这类木雕男性生殖器，在有的女性干尸腹下，垂挂不止一根。十分坦然地显示了一种不可阻抑的寻求生殖繁衍能力的愿望。第三个现象，在墓中陪葬了不少蛇形木雕。其中一座墓葬，还入葬蛇体。蛇体仍存，成了蛇干尸。另外加上蛇壳，有 7 支之多。“七”，在古代小河居民心目中是一个神圣的数字，是可以提供神奇力量，护佑主人的。蛇在中外民俗学家研究中共同认识是：它是阴茎的象征物，有促进人类生殖繁育的功能。可以说，墓地主人当年炽烈、狂热的对生殖能力的追求，通过这些细节，毕现在今天人们的面前。

石祖、陶祖、木祖。可以与小河墓地所见不少的木雕男性生殖器呼应，在新疆其他地区，曾发现多件精致雕琢的石质、陶质男性生殖器，是为“人祖”。它们材质或有不同，部分见于木雕人体。其中不变的精神，就是通过强调男性生殖器的壮伟，寻求强大的男性生殖功能。

木垒县四道沟,曾出土石祖。花岗岩石材。通高13厘米。十分粗壮。文物现仍藏在去呼图壁不远的木垒县文化馆。

哈密焉不拉克一处青铜时代墓地中，曾出土保存完好的男、女木俑。墓葬主人使用十分夸张的手法突出表现了男、女（尤其是男性）生殖器。男性生殖器既粗又长，长度几及人体的1/3。它的造型虽不同于独立存在的木祖，但强调并特别表现男性生殖器之修长、伟岸，祝祷强大生殖功能的用意是十分清楚的。

和田市郊约特干遗址，出土过大量泥红色陶塑人物、动物。在动物陶塑中，猴为主要形象，或嬉戏、或奏乐。而特别显目处，也是极度夸张显示其雄性生殖器。或把持在手、向前挺举，或作雌雄交合状。以猴状人，透露的也是对生殖繁衍能力的追求、歌颂。

拜城县克孜尔石窟前，出土过一件陶祖。陶土很细。烧造火候很高，显红黄色。制作精细，绝非随意、即兴的造物。龟头部分写实，一如阴茎前端。后端见睾丸。阴茎中段作龙头形，眼、鼻、须、眉俱显。可以称之为“龙首陶祖”，时代可能在唐。

1907年，伯希和在都勒杜尔・阿胡尔发掘（今新和县玉其土尔），曾发现一块土坯，上刻男性生殖器。阴茎、睾丸毕显。

从四道沟新石器时代出土之石祖，到克孜尔石窟前的龙首陶祖，

拜城龙首陶祖

都勒杜尔·阿胡尔唐代遗址出土泥坯上的男性生殖器图像，持续、始终不变的精神是对男性始祖的代表物——男根的尊崇。子嗣的繁衍，这时已被片面寄托在了父亲的名下。克孜尔出土的“龙首陶祖”制作超常精细。出土后观察，正面因长期阳光曝晒，色彩已稍消淡，底面则色彩显红。这是长时间置于一个固定不变位置，才会呈现的效果。据此推测，它十分可能是被作为一件神物，供着祭奠，接受人们的顶礼膜拜。如是，这么一件“龙首陶祖”，已经因应社会需要，而被赋予了更多的、非人间的力量。

鹳鸟啄鱼图。阿勒泰山区骆驼峰曾发现过一幅岩刻，出土时，岩刻已坍落在地表，作鹳鸟啄鱼图像。鹳鸟双腿挺立、身体后倾，长颈尖喙，正全力叼啄一条鱼的边脊。鱼体粗大，体量过于鹳鸟，鹳鸟必须倾身全力以赴，才能咬住鱼体，表现得出神入化。鹳鸟上方，有一匹臀肥体健的骏马，线条流利，工艺成熟。

在阿勒泰山中，岩刻动物、狩猎图像可以说随处可见。只是阿勒泰山中少见与湿地、河流相关的鹳鸟、鱼，如是图像岩刻出现在骆驼峰上，给人留下了太多的悬念。

阿尔泰山骆驼峰鹳鸟啄鱼图、河南临汝彩陶缸彩陶图案

将视野放得大一点，可以了解与鹳鸟啄鱼图基本类同的图像，曾出现在河南临汝阎村新石器时代遗址中的一件陶缸上。（图48）阎村陶缸彩绘图，学术界曾广为关注，有过各种阐释。最后比较得到认可的论断是认为它实际显示着祈祝男女交合，多产男丁的心愿。把视野放得更开一点，鸟啄鱼图案，在黄河流域的古代文明中，更是人们十分喜好的一种艺术图像，不仅见于彩陶，而且见于青铜器、瓦当、汉画像石、织锦之中，隐喻幸福的两性生活、吉祥、喜庆，与阎村彩绘图的精神是一致的。

这一主题的图案，被刻在了阿勒泰山上，给了我们更多一层的联想：作为一种象征男女交合的鸟啄鱼图像，不仅广泛流布在黄河流域古老文明之中，也为古代西域阿勒泰山地中的牧人所了解、接受、认同。我们今天还无法准确判定阿勒泰市骆驼峰岩刻画的绝对年代。在中原，这类图像早到新石器时代，晚到明代，一直是人们喜好的祈祝子嗣繁衍、人丁兴旺的吉祥图形。古代新疆、包括阿勒泰山前后的游牧民族，也接受这样的文化符号，一定程度上表现着两地间可能的思想文化交流，更多可能是说明了人们对有可能助益于子嗣繁衍文化的向往。它的强大力量是植根在生殖崇拜精神土壤之中的。

至于以鸟鱼相啄示男女结合的寓意，较之前述种种直白的如男女生殖器类图形，明显是进一步抽象，显得更为含蓄。不作细致剖析，人们今天似乎已不能很直接地理解其意涵。但在对鸟、鱼的象征意义十分清晰的当年，人们对它的含义、隐喻，曾是十分明白，并不费解的。只是随岁月流逝，后来的人们对这些文化符号，渐渐陌生，才出现了隔膜。然而直到明代，对这一图像的文化蕴涵，人们还是相当熟悉的。有一个故事说：明初诗人高启，家道中落，童年时的婚约也难以维持。担心爱女前途的岳丈，不愿爱女明天因穷受到委屈，对早年婚约大有悔意。因此，在高启前来探望时总十分冷淡，甚至避而不见。高启对岳丈的心思也十分明白，但心有不甘。再来未婚妻家，又不获接待时，看到未婚妻家壁挂之《芦雁图》，有感而发，即提笔作诗，以抒情怀。诗云："西风吹折荻花枝，好鸟飞来羽翼垂。沙阔水寒鱼不见，满身霜露立多时。"痴鸟求鱼，而不畏寒冻的情态，尽显字里行间。岳丈周仲达，见其文采不俗，为之所感，迅即改变了态度，成就了这桩已被耽误太久的婚事。这说明，迄至明代，人们对鸟、鱼的象征意义，还是相当熟悉的。

其他，与康家石门子岩刻相类的画面，还见于准噶尔西部山系，如巴尔鲁克山中巴尔达库尔。这里也是山体兀然耸立，山溪绕沟而行。作两性交合图像的岩刻画面，发现过不止一幅。

在巴尔鲁克山中的乌什德特沟，也发现过同样的男女交合岩刻图像。

在塔里木盆地西南墨玉县绿洲上，少数民族居民曾视一棵大柳树具有神奇功能。在女性不孕时，到大柳树下祈祷，并取柳树叶为食。据说这样可以帮助怀孕。柳树可以助孕的传说，在东北大地古代先民中，曾经广为流传。远隔千里，在塔克拉玛干沙漠边缘，也有对柳树的生殖功能崇拜，颇可发人遐想。

如是等等，都引发我们深深的思考。

生殖崇拜，作为古代先民的信仰，具有普遍性，可以说是世界性的文化现象。新疆大地，自然不会例外，上面的简单介绍，绵延时代长久，涵盖地域广大。它们当然并不是全部。相关资料，还可以列举不少。但就是这些资料，已可以看到，在新疆，自阿勒泰山到罗布淖尔荒原、塔里木盆地，古代先民，至少自旧石器时代晚期起，到唐代，都曾虔诚膜拜在这一文化精神的大旗下。孔雀河流域青铜时代的小河墓地，更让人感到当年的孔雀河水系内的居民，对生殖繁衍能力的追求近乎狂热，几乎成了他们精神生活世界的核心。

居于亚洲腹地的内陆新疆，与古代欧亚大陆各大历史文明中心的联系，虽有位置上的方便，但实际交通却难称便捷。但在生殖崇拜一环，却也颇可见存在交流的消息。以猴状人、马祠，就可以大概感受到南亚印度、西南亚伊朗文化的印痕（详后）。视鸟之为男性象征，鱼之为女性象征，则与黄河流域古文明的文化符号相同。唐巴尔塔斯洞窟中直白的女阴图像，小河墓地女性腰际垂挂的木雕男根，两处遗存中浓烈的萨满教信仰，以及克孜尔所见龙首陶祖等等，又更多显示着地区性特点。

生殖崇拜文化，从信念到实践，在新疆古代先民的心目中，可以说是至圣至神，曾是全社会认真关注、庄严对待的大事。为了人丁兴旺、族体繁荣，说他们曾穷尽智慧，觅求种种可以帮助实现这一目标的途径，大概是并不错谬的。

二 生殖崇拜——人类早期文化的核心

生殖崇拜——追求强大生殖能力，曾是普世存在，随着社会的发展，也经历过变化。古今中外，无不见其遗迹。

生殖崇拜历史的第一页，是朴素的对女性孕育功能的歌颂。

在数万年前的旧石器时代，人类曾十分严肃的把生殖繁衍之功绩归之于母亲，因而尽一切可能歌颂母性的伟大。世界各地，留下了数说不尽孕育中的母亲形象。人们深情的称她们为“史前维纳斯”。在这些原始塑像的后面，实际是功利的、对生殖能力的追求。

人类最早观察到的子嗣的生殖，是与母亲的孕育、分娩、哺育直接关联的。因此，对孕育子嗣的愿望，自然就和母亲的这些生理特征联系在了一起。

1985年，笔者有机会去法国进行学术考察。其间，有幸参观了不少旧石器时代遗址、遗物。在波尔多博物馆的文物库房中，曾目验一件石质女性浮雕像，她可以作为欧洲大地上多有所见的“史前维纳斯”一个代表。好客的主人热心介绍，这件女性裸体浮雕像是他们发掘自一处旧石器时代遗址中。遗址是洞穴堆积，洞穴长近100米。经过分析，洞穴中的文化堆积形成在公元前9万到1.5万年间。根据文化层中与雕像共出的石器、动物化石，女性雕像大概完成在距今2.5万年前。我们认真观察了刻像特征：她右手执一角形器，左手轻抚腹部。乳房、臀、女阴等这些女性特征特别显著的部位，都刻意夸张。整个人体轮廓清楚，而面部特征则故意忽略。为了更准确地显示女主人左手抚摸腹部的情状，对左手的轮廓线曾经过精心雕琢。身体曾经涂染过的红色颜料仍未完全消退。通过对女性阴部、

史前维纳斯

臀部、乳房的强调，显示的是对生殖能力的追求，而这一追求，最早就表现在对女性生育器官崇拜上。

这里的介绍是个例，但却具有普遍性的价值。大量考古发现表明：原始社会早期，主要在距今 3 万年前的奥瑞纳文化中，在欧洲大地上出土的这类史前“维纳斯”，数量是相当巨大的。不会是完全的统计，在欧洲大地上发现的这类雕像，总数已近 3 万件。比较有名的，如法国的“洛塞勒维纳斯”（The Venas of Laussel），乳房特别丰满、下垂，臀、腹硕大，女阴部位也着意渲染。同样也是左手抚腹，右手持角杯上举。是典型的孕育过程中的母亲形象。其他如意大利的“古里马尔蒂维纳斯”，奥地利的“纽伦堡的维纳斯”、“威林道夫的维纳斯”，捷克的“多雷尼维斯托尼斯的维纳斯”（The Venas of Dolní Věstonice），以及法国安格尔斯·苏·安格林的女性裸像、拉·马德格林女性裸像，前苏联境内加加里诺女性裸像，乌克兰所见科斯丹克维纳斯像等，都已是早期世界美术史上常识性的资料。这些完成在数万年前的裸体女像，共同的特点是并不在意表现人体的正常比例，面部、五官甚至往往不作刻画。一无例外，都强烈地夸张女性的乳房、下腹、女阴三角、大腿及肥硕的臀部。人们崇拜、歌颂的并不是具体的女人，而只是与生殖关联的女性生殖器官。而巨大的数量，说明它绝不是一个偶然的现象，而是凝集、体现着当时人们的思想信念的圣物。在旧石器时代，人们对生育的原理、过程还并无认识。看到的只是女性在繁育后代，因而导致人们普遍信仰的主要就是这些与子女生殖及哺育有关的性器官。于是，女性，尤其是她们的性器官，因为整个社会对人口生产、种族繁衍的十分强烈的关心，成为了人们顶礼膜拜的对象。自然而然也就成为了与人们祈求多产、氏族人口昌盛而普遍施行的巫术活动的工具，成为了氏族的保护神。同一历史阶段，有那么多裸体女像出土，正体现出这种时代的精神。

这类兆示人类生殖、丰产的女神像，延续的时间很长，直到距今1万年以内的新石器时代文化阶段，在世界各地的许多考古遗址中，都还出土过性质相同的实物标本。如希腊马其顿地区今韦尼亚城附近的新尼科门迪亚遗址（New Nicomedia Site），是约公元前6000至前5000年时期的一处早期新石器时代遗存。在发掘了的一处村落中，就出土过多件泥塑女像。女像头部塑作简单，只是显示了眼、鼻而无嘴、颌。胸部丰满，两手捧持乳房，臀部极度肥硕，女阴三角显明。强调的仍然是女性的特点，蕴含的是对女性生殖能力的崇拜。

在西亚地区的新石器时代遗址中，这类裸体女神像也发现过不少。

美索不达米亚北部，底格里斯河流域萨迈拉文化，是公元前5500年前后的人类文化遗存。这时，已经出现了定居村落，存在农业生产，有灌溉设施。在这一文化的典型代表索万遗址中，也发现过不少以雪花石为材料的女性裸体像，作者强调刻画它们的女性特征。

较萨迈拉文化稍晚、绝对年代在公元前4300至前3500年，在美索不达米亚到沙特阿拉伯东部，乌尔附近的欧贝德遗址，同样见到了不少裸体女像。女像乳房特别丰满而下垂，头部却表现为蜥蜴形，这是很值得注意的形象，蜥蜴多产、生命力顽强，它与生殖崇拜的精神关联值得人们认真关注。

更晚一点，在古代亚述文化遗址中，在一件早到距今 4000 年前的文物上，也特别表现裸体女神肥硕丰腰的躯体、丰满的乳房和引人注目的女阴三角，它们都是强大生殖能力的象征。

在欧洲东部，自罗马尼亚到前苏联第聂伯河中的地区，特里波利亚——库车泰尼考古文化是很重要的遗存。它的绝对年代在公元前 4000 年初到公元前 3000 年下半叶。这一考古文化遗址中，重要出土文物就是多量的陶塑女像。同样是十分强调的表现乳房、肥硕的臀部、女阴三角等女性性别特征明显的部位。

古罗马特洛伊城的废墟中，也发现过一件女性裸体像，自然也是表现女性的乳房及阴部。女阴作十分显目的倒三角形。它是距今 4000 年前的文化遗物。

离开欧洲，将关注目光投向南美大陆。在墨西哥，同样出土过大约距今 5000 年前的女性陶像，人们俗称为“哥伦布以前的蒙娜丽莎”。女像也是裸体、躯体丰腴、性特征显明。

亚洲，在公元前 5000 年至公元前 3000 年的中亚安诺文化中，也出土过不少红陶女性人像。丰满的乳房、肥硕的臀部，同样是创作者着力表现的性特征，自然也是体现着古代安诺文化居民对人口增殖寄托的希望。

可能与旧石器时代考古遗址工作不多存在关联，在我国，迄止目前，还没有发现旧石器时代的女性裸体圆雕或刻绘图像。上节叙述的阿勒泰唐巴尔塔斯彩绘女阴洞窟，虽也是对女阴的崇拜，时代可能早到旧石器时代晚期，但表现方法不同。不过，在新石器时代考古文化中，已发现过不少与前述标本相类相通的文物。

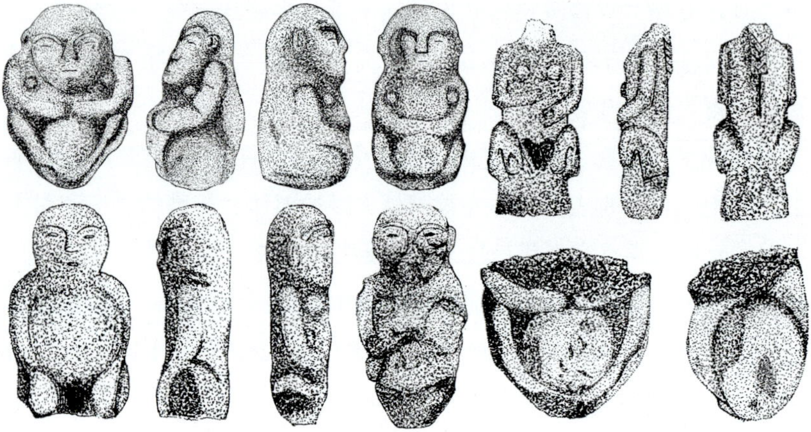

河北滦平后台子新石器时代遗址，石雕孕妇像

河北滦平后台子新石器时代遗址下层文化遗存中，曾出土6件石雕孕妇像，最高达34厘米，最小高不足10厘米，以辉绿岩为料。孕妇均乳房丰满，腹部鼓起，臀部肥硕，双臂抱腹。

内蒙古林西兴隆洼文化遗址中，曾出土两件石雕孕妇像，材质为花岗岩，雕像高者达67厘米，稍小者也有40厘米。腹部均隆起，乳房明显，双肘相交捧持在腹下，呈现孕育特征。

陕西省扶风县案板仰韶文化遗址，也发现过一件陶塑孕妇残像，仅存的身躯，高不到10厘米，双乳丰腴，腹部隆起，同样显示了孕育体态。

新石器时代以后，在青铜时代红山文化遗址中，也发现过多件作孕育形象的女性雕塑。

近年在辽宁省朝阳地区喀左县东山嘴红山文化遗址中，就出土过不少距今5000多年前的孕妇陶像及女性坐像。陶像都不大，高不到10厘米，但腹部鼓出、臀部肥硕的孕妇特征相当明显。有的学者因此而称她们为“地母”。

较喀左县东山嘴遗址发掘工作为晚，在辽宁建平牛河梁红山文化女神庙遗址中，也出土过较大型泥塑女神头像及较多孕妇塑像。泥塑女神头像高 22.5 厘米，眼眶内特别镶嵌了绿色玉片，以为眼珠，熠熠有光泽。孕妇塑像多残破，但鼓起的腹部，清楚不误。

在中原大地，民间仍传称夏人始祖神是“女娲”，陕西、河南、河北不少地方，仍然供奉女娲神。认为祭祀女娲，可助妇女生育。这一民俗，可以说明女性为始祖神的传统信仰，力量十分强大，至今没有退出历史文化的舞台。

从欧洲地区大量见到的旧石器时代的“史前维纳斯”到世界各地新石器时代及更晚时段所见的“丰饶女神”，可见人类文化思想是相连相通的，鲜明表现着对女性的崇拜，对女性生殖能力的祈求。

随着社会发展，在原始社会后期，男子们不仅逐渐增强了自身在生产实践、社会经济生活中的地位，而且也渐渐意识到在子嗣生育中自身不可缺少的作用。最后终于导致了“母权制的颠覆”，出现了恩格斯所称的“女性的具有全世界历史意义的失败”。由女性居于主导

红山文化牛河县遗址出土女性陶雕像

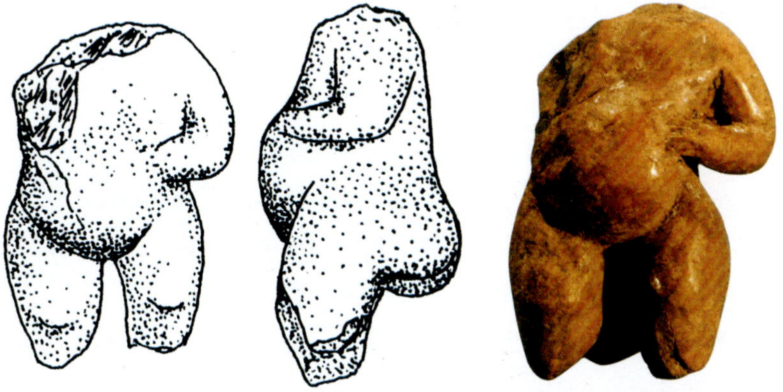

地位的社会组织，逐渐转化成了以男性为中心的父权制。父权制的确立，导致不论在生活资料还是人类自身的生产事业中，男性都取得了决定性的地位，而与这一历史性的变化相表里，人类观念中的生殖神，也逐渐由女性形象被塑造成了男子的形象，或简单表现为男性生殖器的形象。

以男性生殖器作为生殖神，而接受人们的顶礼膜拜，同样是一种世界性的现象。

在印度，许多地方都可以见到男性生殖器的造像，称为“林加”。它体现着一种古老的崇拜。哲学家黑格尔也曾经提示，人们应关注“塔”形建筑物的文化内核。他认为印度到处都可以见到的柱状尖塔，开始不过“是生殖器形状的石坊，后来才分出外壳和核心，变成了塔”。这类“塔”形建筑在中国也是一种普遍存在。

在非洲，不少地方可以见到男性生殖器形状的纪念碑。如在埃塞俄比亚的西达马和博拉马陡峭的山谷中，人们可以见到许多作阴茎状的独石碑。这些石头，高有 10 至 12 尺。在索马里沿海巴纠尼群岛，在坦噶尼喀的巴加木约，也都可以见到阴茎形墓碑。这些石碑、刻石、墓碑，也是表现着一种古老的、生殖崇拜的信念。目前，不难见到的非洲原始木雕人物形象，也清晰显露类同的文化精神。木雕人物虽形态各异，而性器官却特别突出显目。不少刻像与其说是表现人物，不如说是雕刻的性器官。突尼斯、喀麦隆、新几内亚、刚果以及西非许多民族的大力神祖先像，无不具有这样的特征。

在古希腊，曾有一个时期，也是把神的形象表现为石柱，柱前刻着阴茎。古希伯来文化及古希腊文化中传统的对男性生殖器的崇拜在后来的欧洲大地上演化成为了大家都很熟悉的十字架。

在我国将男性生殖器视为灵物同样源远流长。新石器时代考古文化遗址常有所见的陶祖、石祖、玉祖等等，可以说得上是这一崇拜信仰中表露最坦白、最直接的实物资料。没有任何掩饰，表现的就是惟妙惟肖的男性生殖器圆雕。这类例证，可以说俯拾皆是。前面提到，去呼图壁不远，相邻之木垒县四道沟原始社会阶段的遗址中就发现过石祖——一件惟妙惟肖的石雕男性生殖器。若羌罗布淖尔青铜时代小河墓地，前面也提过，发现过多量木雕男性生殖器，中空的腔体内有蛇或蜥蜴的头，它十分坦然地垂挂在女性腹下，甚至不止一件。法国学者伯希和，在新和县境都勒杜尔·阿胡尔遗址中，发现过阴刻在土坯上的男性生殖器图像。如将视野扩展，青海甘谷县灰地儿新石器时代遗址、甘肃临夏张家嘴齐家文化遗址、陕西铜川市李家沟仰韶文化晚期遗址、西安姜寨仰韶文化遗址、西安客省庄龙山文化遗址、河南省淅川下王岗仰韶文化遗址、郑州二里岗商代遗址、山东潍坊鲁家口龙山文化遗址、湖北省孜江关庙山大溪文化遗址、京山屈家岭文化遗址，湖北天门新石器遗址、广西钦州新石器时代遗址等，全都发现过时代不同的陶祖。山西偏关老牛湾新石器遗址还见到石祖。直到汉代，在陕西三家村汉墓中发现过铜祖，河北满城县汉中山靖王刘胜墓中见过玉祖。随手列举的这些资料，实在不算少，但肯定还是粗略不全的，但就是这样一个不完整的资料，大可以生动说明：在延续相当长的一段时间里，从新石器时代的仰韶文化，直到进入文明，止于奴隶社会的殷商、

玉祖

封建社会的汉朝，在地域广阔的中国大地上，同样出现过对男性生殖器的膜拜和对男性生殖能力的歌颂。

在考古资料中，两性同体人像，前文已经简单涉及，同样不止一见。直白的观察，自然可以说是对两性交合生人这一神圣事业的赞颂，与生殖崇拜存在关联。深入分析，它还可能体现着一个特定时段内婚姻制度的变化，这一点将放在后面再讨论。

不同的传统习俗，积淀着不同民族的传统文化，体现着各自对宇宙世界、人类社会、宗教信仰、伦理道德等诸多方面的认识和信仰。其中也包括他们对人类自身生产、繁衍的种种观念及认识。

在20世纪中期以前,今江苏扬州地区仍流行“上巳节”。传统习俗，必须用纸糊扎巨大的男女生殖器各一具。在节日当天,背到城内纯阳观前焚化。这一活动,称之为“迎春”。

扬州地区的这一民俗是一个典型。它生动说明：古代社会生活中，曾经存在过这类对男女生殖器官的虔心崇拜，它渗透在社会生活最底层，直到20世纪前期，仍显示着活力。以纸糊扎巨大男女生殖器道具，是古代人们曾有的祈求强大生殖能力的文化鳞爪。把这类道具送到纯阳观前焚化，大概是后来一点的事。把古老、纯朴的寻求生殖能力的巫术性质的行为，与主张道法自然、阴阳交泰的道观凑到一道，自然也可以说是有着一点内在的因缘。荷持巨大的男女生殖器道具，进行一定形式的祈祝、崇拜活动，以求实现强大的生殖能力，使子孙繁衍，人口昌盛，这种文化，实际是远较道教信仰为古老，而且在世界范围内存在得很普遍的一种巫术行为。在一些比较闭塞、交通不便的边远地区，留存得更久远，更具活力。我国西南山区一些少数民族如苗、彝、土家等，流传至今的祭祖、舞蹈等活动，就可以见到这方面的痕迹。

我国贵州地区苗族中的“吃牯藏”、云南彝族中的“撮衬姐”、土家族中的“毛古斯”舞等等，就都呈现着相关的文化精神。

先说苗族中的“吃牯藏”。在传说中，苗族的始祖是姜央。苗族的鼓社节祭祖，即“吃牯藏”，是全族最隆重的节日，要进行盛大的祭祀活动。各地的祭祀活动大同小异。高潮阶段显示的对男女生殖器及生殖行为的崇拜，也没有什么差别。这里以贵州丹寨苗族为例，在“吃牯藏”活动中，人们要专请“告端”（意为姜央的初生儿女）。方法是砍一根碗口般粗大的杉树或枫树，根须要发达、枝叶要茂盛，将它雕成男性生殖器形象。再在根部加上棕丝、涂染成红黑色，由画成花脸的“告端”用手扶置于腹下若生殖器，追逐青年妇女。妇女们则笑脸相对，表示接受，决不羞怯地回避或拒绝。围观的人们也都庄严肃穆。这种表演称“宁岗先略”。在进行“宁岗先略”活动前，祭师还要念祷词：“男女多交配，传宗把代接，生九男九女，有吃又有穿”。台口、剑河一带，这一活动稍有差别。祭祖家族中的妇女们，应盛装经过矮桌，祭师手持内盛酒糟水的葫芦；也有用竹筒刻成象征男性生殖器形，内盛酒糟水，同样是置于下身，朝向妇女们的襟脚喷射。妇女们或踩上矮桌、撩起围裙，祭师即喷射酒糟水，象征妇女们受射受精。还有一些地方，用裸体木雕作为祖妣“央公”、“央婆”的形象。祭祀活动中将木雕像背在身后，表演象征交媾的舞蹈，身背“央公”的边走边喊“夺张”（意为“交配”），身背“央婆”则答以“沙降”（意为“繁荣”），周围的人随之欢呼。“央公”身旁有人向妇女喷射酒糟水，祈求子孙繁衍。活动结束后，则将“央公”、“央婆”及泥塑、木雕之生殖器、酒糟桶等都送入一山洞中，以备下次使用。这些祭祖活动，细节上虽多少有点差别，但有共同的特点，这就是强调男性生殖器及性交行为。

彝族居住的一些地区，还保留着一种“撮衬姐”（意为“变人戏”），也厚积着鲜明的生殖崇拜的精神。如贵州省咸宁县盐念区板底乡裸戛，是一个交通相对闭塞、位置偏僻的山村，也是“撮衬姐”保留较完整的山寨。这里的彝族群众在每年阴历正月初三到十五的晚间，都会进行“撮衬姐”演出。出演的角色有“山神老人”、“老爷爷”（1200岁）、身背婴儿的“老婆婆”（1200岁）、小娃娃等。出演时，用包头布把头缠成尖锥形，身上用布紧紧缠裹，象征裸体。表演的祝词既包含祈祝丰收、驱邪，也有祈求人口繁衍的祷词及动作，如“拜四方山神，儿孙如满天飞鸟”、“子孙繁衍昌盛”等。演出中，镜头之一是小娃娃上场，天真活泼地转悠，寻找老婆婆，找到后即扑入怀中吮奶。表演过程中穿插舞蹈，老爷爷、老奶奶的舞蹈即有直接显示性交的动作。当地群众怕因这一动作导致“黄色”误解，要进行解释，说：“这是前辈人传下来的，不是现在塞进去的。”

土家族古老的“摆手舞”中，同样积淀悠久的文化传统。其中的第一场“毛古斯”，是有讲有唱有跳、保留着浓重原始风貌的节目。出场的人物是一个老毛古斯和几个小毛古斯，他们身穿草衣，腰部捆着一根用草扎成的50厘米左右长的男性生殖器，生殖器头部包裹红布。舞蹈动作左右摇摆，简单粗犷。对话中有问“谁是父亲？”大家争答“我是父亲。”见到女毛古斯会问“谁去结婚？”大家又争去结婚。这些动作、道具、唱词，都清楚明确地显示了对生殖繁衍的追求及祈求人口增殖的思想内容。

这样的例子，在民俗文化中还可以举出不少。从这些保留着浓重的原始文化印痕的祭祷节目中，可以清楚看到：对男性生殖器的崇拜和对两性生活行为的歌颂，目的自然就在于追求子嗣繁衍、民族昌盛。

这类文化现象，古代西方著述中，也有不少记录。

在希腊历史之父希罗多德于公元前5世纪完成的名著《历史》中，对尼罗河大地上古代埃及人奉行的生殖崇拜信仰，就有相当具体、生动的记述。奥西里斯神是古代埃及的父神。在每年对父神进行祭祀时，人们奉献的牺牲就是一根伟岸的男性生殖器。后来，他们发明了一种道具来代替男性生殖器，这是大约有一佩巨斯（长度单位，相当于 46.2 厘米）高的人像。这个人像在绳的操纵下可以活动。由妇女们带到各个村庄去转悠。这些人像的生殖器和人像差不多大小，还会动。一个吹笛的人走在前面，妇女们在后面跟着，嘴里唱着狄奥尼索斯神的赞美诗。视男性生殖器为圣物、祈求人口生殖的目的，在这里表现得是一清二楚的。

对奥西里斯神的崇拜遍及于全埃及。此外，在一些地区也有地方性的男性生殖神。如孟菲斯，人们就普遍尊崇佩塔赫（Ptah），认为它是"丰饶之神"、"扩开之主"、"洞主"、"阴门之主"。它的功能与腓尼基人崇奉的"扩开者"一样，意思是他有能力扩开处女膜，打开通向阴道、子宫的大门。

在古代埃及神殿中，经常可以看到男性生殖器的雕像。这些雕像，不涉淫秽，而只是对生命力、创造力的歌颂。在埃及卡纳克一个神殿入口处，有表现法老梅尼夫塔向生命之神塞提奉献祭酒的塑像。图中的塞提神，最显目的特征就是挺立着的男性生殖器。他如埃及前王朝那加达时期的象牙雕刻，以及古代埃及明神（Min），也都是特别强调着他们的男性生殖器。金字塔以它三角形的造型闻名世界。就有学者提出这种三角形实际是依据男子阴毛区的三角形状，体现着男性生殖器。因此，实质上金字塔就是造物主塞提神的象征。在以色列，古代也存在相类似的观念。《圣经》就把上帝耶和华说成是"扩开者"，曾经顾念拉结、利亚，扩开了她们的子宫。

在古希腊文化中，生殖崇拜观念普遍形之于绘画、雕塑，所在多见。古代埃及崇拜的埃及神奥西里斯神，也出现在希腊文化之中。只是古埃及的奥西里斯神在希腊换上了狄奥尼索斯的名字。对他的崇拜仪式以及带着男性生殖器装饰游行的行为，同样完全为希腊人所接受。这表明在古希腊大地上也曾泛滥着同一信念，存在着同样的民俗。生殖崇拜同样是强烈的社会信仰。

狄奥尼索斯，在古希腊，是人们崇拜的酒神。酒神节的仪式，明显带有性放纵的狂欢节色彩。在酒神节中，狄奥尼索斯的节杖是一根顶端有一个类似松果的装饰物的棍子，所以称为“松果节杖”，实际象征着情欲影响下勃起的阴茎。其形象略如康家石门子岩刻画中棍形球头状的图像。在希腊艺术中，颇为放荡的酒神总是与追求生殖相关的两性生活题材联系在一起。因为是酒神，所以形象也总见之于酒杯、酒瓶上。于是，与他相关，异性或同性交合的形象，往往成了古希腊酒杯中部或边缘部分的装饰图案。

在古希腊常见的双耳细颈陶罐，还每每见到装饰着舞蹈形象的林神。每个林神都背着一只男性生殖器，体现的自然也是同一主题。

到古罗马时期，宗教性的生殖崇拜祭祀活动已不如早期希腊时期那么盛行。但关于狄奥尼索斯的祭祀在民间仍然广泛存在。十分有名的庞培城中，有幸保留下一块别墅壁画，就展示着这一史迹。壁画的中心部位就是描述狄奥尼索斯崇拜的图像：中间是酒神狄奥尼索斯，他斜倚在配偶阿丽亚纳的膝上。而在她的宝座脚下，一个女孩正揭开一件放置在篮子中的圣物——一个巨大的男性生殖器。通过这一画面，形象揭示了祈祝狄奥尼索斯赐予女孩强大生殖能力的愿望，而这也正是狄奥尼索斯神崇拜的核心精神。

受希腊文化影响的伊特鲁里亚人的文明，表现生殖崇拜观念的艺术文化较之希腊可以说是更为繁荣。两性生活的画面在伊特鲁里亚人的墓穴壁画中可以说比比皆是。

古老的印度文化中同样随处可见生殖崇拜的精神，也广受人们的关注。丝毫不是夸张，在印度大地，恒河上下，普遍崇拜着生殖创造能力。通常的方法就是借助雌雄生殖器的形状展现相关文化精神。

关于印度存在的这种生殖崇拜信仰及艺术的表现，研究印度文化的专家赵国华教授曾经有过介绍，结论是：“印度古人的生殖崇拜，也的确异乎寻常”。从古代印度的文献典籍，到呈现印度河流域古文明的印章、绘画、雕塑、建筑物造型都强烈显示生殖崇拜观念的存在。“表现男女结合情景的塑像，堂而皇之地供养在神殿中，展示男女交媾姿态的浮雕，肆无忌惮的镶嵌在宏大庙宇的石墙上，象征女阴的磨盘状石刻和象征男根的圆柱形石头组合在一起。”这些事实，以原始的率真，揭明在古代印度，生殖活动确实是被人们看作为十分神圣、崇高的大事。

印度、埃及、希腊罗马，这些古代人类文明的中心，生殖崇拜文化曾如是繁荣。在人类文明同样发育很早的亚洲东部，在我们故土上生长的华夏文化中，生殖崇拜观念，在历史上曾经有过怎样的地位，产生过怎样的社会影响？自然是我们大家不能不求索的一个问题。

爬梳浩如烟海的中国古代文献，采集、分析形形色色的民风民俗，可以看出：在我国古代文化中，引人注目的核心问题之一，确实同样也是浓重的生殖崇拜观念。在这一观念的指导下，同样出现过具有自身个性特色的“生殖崇拜文化”。虽然漫长的封建社会对它们曾极力予以贬斥、遮掩；抑制人性的封建文化的卫士们，对此类文化曾讳莫如深，没有勇气坦白而诚实地面对。其流毒之深，是直到今天，不少人还往往是谈“性”色变。对古代祖先曾经奉行过的“生殖崇拜”，历史上曾经存在过的“生殖崇拜文化”，经过如是禁锢后，于是，变得十分的陌生，人们普遍缺乏应有的认识和了解。

近一个世纪前，郭沫若发表了他的著名论文《释祖妣》。在《释祖妣》中，通过对甲骨文“祖”、“妣”二字的研究，他揭发了一个重要的历史奥秘。原来，被大家看得很神圣的、体现了华夏民族仁孝观念的“祖”、“妣”二字，本源却是男、女性的生殖器。在甲骨文中，“祖”字被写作“”、“”、“”、明显是男性生殖器的象形；而“妣”字写作“匕”“”、“”,也与女性生殖器外形相似。于是,“匕”

就成了表示女阴的“牝”，并转化出表示女性祖先的“妣”。对于这一点，也有古文学家提出过另一种说法。认为女阴的象形文字，原本作“也”，字形为“”、“”、“”，与女阴外形近似（今天的广东话中，还称女阴为“也”）。而“也”后来变为“匕”是因为字形相近而误写的结果。最后，也是由“匕”引申出了“妣”。不论如何，在古代汉语文学中，祖先的源出之处就是男女生殖器，这是可以信从、不必怀疑的。只是随着社会的发展，人们脱离了蛮荒，步入了文明，才“视此事为不雅训而讳莫如深”，即使明明知道在古代典籍如甲骨文中有这类性质的文字，也不难寻觅到相近的史实；但也总是要装一个糊涂，任其过去。在具有科学态度的学者心目中，自然不会首肯这样的处事。郭沫若是一个例子。在深入揭示了“祖”、“妣”的真谛后，他就曾一针见血的结论：在我国，“生殖神之崇拜，其事几与人类而具来”。当然，这只是一个比较典型的实例。但从这个例证可以充分看到：有关生殖崇拜的观念和行为，在开发很早的中国大地上，也与印度、埃及、希腊罗马世界一样，同样是深深扎根在人们心目之中的。

类同的例子还有不少，我国古代文化、古代哲学，同样是渗透、蕴含着浓重的生殖崇拜精神内核的。中国哲学中的两个基本概念“阴”和“阳”，即与男女、生命繁衍存在关联。人类、天地万物的产生、发展，无不源自阴阳的结合、变化。任继愈先生在论及这一点时，说得虽不十分直白，但意思是很清楚的：“万物在阴阳势力的失去、矛盾中产生变化，变化的过程是通过交感。这一观念的形成，也可能是由于男女交感产生子女的普遍现象概括出来的原则。”在《周易·系辞》这部大著中，作者明确宣示：“天地姻缊，万物化醇；男女构精，万物化生”，表白的也是这一观点。在人们的观念中，儒家学者似乎都是一派森森然道貌，从不及于男女、生殖之事。其实这真是一个历史的误会。在儒家代表人物的著述中，不仅宣言过“食、色，性也”，也强调过“饮食男女，人之大欲存焉”。作为一个学派的儒家，对古代人类崇奉的生殖崇拜是曾认真思考、深入关注过的。奠基在对儒家经典的透彻研究之上，国学大家周予同就提出过一个明确的论断：“儒家的根本思想出于生殖崇拜”。至于具有浓烈的中国气息的道家，更十分明确地主张，人的一切行为必须契合于自然运行的法则，就是老子所说的：“人法地，地法天，天法道，道法自然”。阴阳合和，雨水滋润，才能万物欣欣向荣；人效法自然，必须维持阴阳（男女）交合之道，才可能身心健康，种族繁荣。道教，以道家学说为理论基础，钻研中气真术，男女交合，认为采阴补阳，可以延年益寿，更是十分强烈的渗透着原始“生殖崇拜”的灵魂。这里,道家、道教把原始的“生殖崇拜”观念披上了理论的外衣，上升到了哲学的高度。从这些彰明昭著的事实中可以看到，在中国古代哲学思想、古代文化之中，确实强烈的渗透、蕴含着生殖崇拜的精神，与印度、埃及、希腊、罗马绝无二致。

有了生殖崇拜观念，自然会衍生、形成一系列体现这一观念、信仰的崇拜形式，创造出形形色色的崇拜活动。郭沫若、闻一多等都曾通过研究,揭明相关的史实。如在古代中国,视为十分神圣的祭祀“社稷”的国家大典，以及与此相类同的祭桑林、拜云梦，就都根源在生殖崇拜的土壤之中。3000 年前，我们的祖先在进行这类祭祀活动时，与埃及、希腊祭拜狄奥尼索斯神一样，也是要带上人工制作的男性生殖器的。《墨子·明鬼篇》记载说，古代燕国有“驰祖”之俗：“燕之有祖，当齐之社稷，宋之有桑林，楚之有云梦也，此男女之所属而观也。”郭沫若解释：“古人本以牡器为神，或称之祖，或谓之社。祖而言驰，盖荷此牡神而驰也。”前面说过的扬州仲春时于纯阳观前焚巨型纸扎牡器，实际正是这一习俗的遗痕。人们肩上扛着象征生殖神的男性生殖器，急急奔赴进行祭祀活动的现场，这就是“驰祖”。由于在这样的活动中，多有男欢女爱、突破传统束缚的情事。随着时代变化，对家庭、婚姻生活有了较为严格的规范后，就逐渐被人们视成“非礼”之举了。这一传统礼俗，与希罗多德在《历史》中记录过的古埃及、古希腊社会曾经有过的祭拜生殖神的形式，从内容到细节，确实是没有什么差别的。只是古代祖先们在这类活动中曾经有过的炽热的感情、狂放的行动，笼罩于全社会的巨大规模，在这干巴巴的只言片语中，随历史发展，慢慢变得难以具体感受了。

关于古代世界曾经存在过生殖崇拜的事实，及其对人类文明的深重影响，通过上文大略的介绍，可以明确的是：生殖崇拜观念，在古代世界，曾是普遍的存在。古今中外，概莫能外。在世界各大古老文明中心都曾经有过一页不算短暂的生殖崇拜的历史，产生过生殖崇拜的文化。其精神绵延久远。对现实世界的社会观念、精神文化以至社会生活，也明显产生过、甚至还存在着影响，这也是值得引起我们注意、重视的事实。

第四章

康家石门子遗存原始思维面面观

呼图壁生殖崇拜岩雕刻画，是早期先民进行萨满巫术宗教活动时对神灵的诉求。其中，马祖崇拜活动画面形象生动，这与先民对雄性力量的信仰和人们在马体上寄托了祈求生殖的愿望有关。呼图壁岩刻画所在的其地理环境，反映了古代先民“丘陵为牡，豁谷为牝”的朴素认识和丰富想象，这种对山石和溪谷的崇拜，在各个民族的古代神话中都有大量生动的故事，如涂山氏化身成石，始祖生于巨石，都传达了先民们灵石崇拜和万物有灵的意识。

一 原始巫术的殿堂

当我们回首古远，多少了解到一点人类出现在这个地球以后，初始出于本能，逐渐面对生存发展的需要，曾以炽热的感情多方面寻求，为繁衍子孙进行过努力：在我们的目光大概巡礼过在欧洲大地上屡有所见的数万年前的人类生殖之神——多种多样的维纳斯像；看过尼罗河畔、印度平原的神庙中，廊柱上显示男性生殖功能的生殖器造像；感受到古代世界不同特色的创世、感生神话的气息；品味到保留在这些神话中对生命创造力量的追求……在经历过这一切之后，再驻足天山深处康家石门子，面对壮伟的岗峦、静静的溪流、茂密的林莽及复杂、多姿的画面，凝视其上环绕对马舞蹈的秀女、猴形的假面人、交合中的男女、欢乐的小人……诸多原始思维的知识碎片，会突然变得鲜活，联翩的浮想会在脑际涌动。

思绪顿悟，思路明晰：探求、认识古代先民的原始思维特征，康家石门子称得上是一处绝佳的历史文化知识苑。许多原始的观念，确实仍然保留在它的怀抱中。只要我们用心体察，就可以在这里寻找到答案，觅见原始文化的一页又一页真谛。

镌刻在石壁上的求育愿望，要化为人间的现实，必须施行巫术，展开如桑林祈雨、云梦求育一样的群体性活动，才可能得到上天神力的护佑。因此，通过盛大巫术向上天申达这一愿望，就成为了当年康家石门子居民具有关键意义的一步。

处于文明幼年时期的人类，知识未开，虔信万物有灵。大量已获考古、民俗文化资料说明那时古代世界的先民，崇信天神，相信巫师有能力交通人、神，沟通天地。最早的巫师被称为“萨满”，这是欧亚大陆上曾经普遍存在的信仰。

亚欧大陆北部，包括新疆在内，曾是古代游牧民族纵横驰骋、自由来去的舞台。东起白令海峡，西至斯堪的那维亚半岛拉普兰地区，尤其是东北亚和中亚地区的古代民族，自遥远的古代起，普遍存在过萨满崇拜。甚至直到今天，在操乌拉尔—阿尔泰语系的居民集群里，在我国东北地区操通古斯—满语的少数民族中，在他们社会生活的各个方面都还可以觅见萨满崇拜遗痕。

“萨满”（Shaman）在满—通古斯语中，意为“巫师”，是可以通晓神旨的人，有能力沟通神、人与鬼魂世界。它没有什么成文经典，没有规范的组织、寺庙，也没有统一的宗教仪轨。核心观念就是“万物有灵”，自然界灾变、人间的祸福，均与各种神鬼作用有关。

在萨满崇拜中，认为宇宙可分上、中、下“三界”，每界又可分三层。这是萨满宇宙观的主要核心。上界七至九层为天堂，是神的居住处，最高权威的神灵居于最上层。中界是人与动物住地。下界为阴间，是鬼魂藏身处。以女真、满、赫哲等通古斯语族群的信仰为例：上界为天界，又称火界、光明界，是天神、日、月、星辰、风、雨、雷、电等神之住处。还有众多的动物神、植物神以及各氏族远古祖先英雄神，也有可能高居于九天上界的金楼玉宇之中；中界是人类、禽鸟、动物及其他弱小精灵活动的世界；下界为土界，又称地界或阴界，是地母巴那吉额母、司夜众女神及恶魔藏身之处。在地界中，也有人生活。只是它的季节、昼夜，与人世间相反。有能力可以沟通三界的，只有“萨满”。这一宇宙观确实并不复杂，是可以通过观察人类周围环境而逻辑构架出来的，因此，作为初民信仰，流布极为广泛。

虔信“萨满”的原始民族，对自然界中的火、山、日月星辰；对不同的动物；对各自的祖先神，对个别的偶像，有着特别的感情。

在他们的概念中，“火”来自天界，最神圣、最洁净，能荡涤污秽、驱赶鬼魂。于是，在萨满请神作法的过程中，火，往往是不可或缺的道具。

康家石门子岩画遗存，从岩壁下厚积的火灰分析，当年确曾是早期先民进行萨满巫术活动的宗教殿堂。是“萨满”作法，燃火、交通天神、传达人间愿望的、近乎神圣的处所。凝集其上的刻画，就是芸芸众生向天神申达的诉求。

萨满信仰出现得很早，其影响却绵远悠长。新疆伊犁锡伯族人们的精神生活中至今都还可以觅见其存在。

关于“巫术”，现在的人们已比较陌生。但在中世纪以前，它曾是相当普遍的存在。是“萨满”改变现实世界最重要、最普通的手段。原始巫术的基本特征之一是虔信人们根据自己的努力可以改变事物的进程，使其遵从人类的意旨。这是人类在自然、社会力量面前感到自身软弱无力时的产物。英国人类学家马利诺夫斯基曾经对美拉尼西亚人的巫术行为进行过详细的观察，在其名著《巫术、科学、宗教与神话》一书中介绍过他的体验。他发现美拉尼西亚人虽虔信巫术的力量，却并不是任何事情都进行巫术活动，而是有区别、有选择地进行。实施巫术是为特定目的而设计的特定活动。举例说，岛民在安全的礁湖中捕鱼，就绝对不会举行巫术仪式；而在汪洋大海中捕鱼，尤其是冒着危险捕捉鲨鱼时，就肯定、也必须首先进行巫术仪式。农业生产中，种植费力不大，收获颇丰的作物（如香蕉、面包果）不会施行巫术；而种植花很大工夫、收获并不稳定、可靠时（如芋），就要施行巫术。建造住屋时，不施巫术；而在建造人们生命所系的独木舟时，则有一套十分复杂的巫术。一旦遇到战争、出现关乎命运的疾病、坏天气等，则巫术就更为重要。因为，实施巫术是可以请得神力佑助，改变人们命运的。归纳一下，马利诺夫斯基在书中得到这样的结论：“哪里存在机缘因素，因而在希望和恐惧之间动摇不定的情绪广为传播，哪里就有巫术。”“凡是事业一定、可靠且为理智的方法与技术的过程所支配的地方，就见不到巫术。”

在我国古代社会生活中，也曾是巫风甚盛，上至皇室宫廷、下及黎民百姓，都广受其影响。举一个比较显著的例子，西汉时，号称圣明的汉武帝刘彻，就曾在巫蛊的影响下犯过大错。刘彻晚年，身体多病，对皇后、太子不满。近臣江充在窥见武帝心思后，借机制造舆论，说是宫中有“蛊气”，是有人利用巫术咒诅皇上，致使他身体不好，意图将矛盾引向皇后及太子。江充竟然还带人在太子宫苑中掘到了咒诅武帝的“桐木人”（十分可能是他预先的埋置）。有口难辩的太子盛怒之下，斩杀了江充，在长安城内还闹了一场兵变，导致皇后自杀身亡。一场大乱过后，沉静下来的刘彻慢慢醒悟，这件事是上了江充的当，屠杀了江充的全族。但大错已经铸成，无可挽回了。也是在汉代，今贵州地区，曾有一个小王国名叫“夜郎”。国王名“兴”，不满汉王朝的侵迫，又无力相抗衡，想到的办法也是借助巫术。这次采用的方法是“刻木像汉吏，立道旁射之”，希望用这种办法咒诅汉王朝吏员、士兵，求得王国安全，这当然也是幻梦一场。这些是当年巫风炽盛，相信利用巫蛊可以改变生活进程的几个有名的实例。

夜郎国王“刻木像汉吏，立道旁射之”这一套巫术手法，在古代民间社会生活中，也是广见存在的。无力报复仇敌，但又希望仇敌受天谴、遇灾祸、遭厄运，最普遍的方法，就是用黄纸或小木片画出一个人形，写上仇人的姓名，最好也加上他的生辰八字，再用尖针刺入纸人、木人的头、心等要害部位，经过巫师念咒、作法。据说一段时日后，受禳诅的人就会头疼、心痛，慢慢在病痛中死亡。这是不少笔记小说中常见叙说的故事，也是比较典型的交感巫术活动。这类巫术，不仅东方有，西方也曾存在。如弗雷泽名著《金枝》，就告诉过我们，欧洲大地，农作物结籽不旺，苹果树挂果不多，男女主人可以到田边、地头、苹果树下行房事。因为万物都有灵，生命会感应，在这样的环境中行房事，就是向决定苹果树、禾苗生长的神传达了祈愿，于是上天会使苹果树枝结实累累，农产品得到丰收。商汤在桑林之地求雨，楚人在云梦大地求育，古代江淮大地居民背负"人祖"模型驰走，苗、彝等兄弟民族跳的求子、求育舞蹈如是等等，实质都是同一类巫术文化的表现，只是形式上稍见不同而已。

云南纳西族，在去今100多年前，仍然保留着许多母系社会的遗痕。在泸沽湖周围居住的纳西族人民，为求人丁兴旺、五谷丰收，每年的七月二十五日，要举行隆重的祭祀"千木古"（意为游千木山，即女神山）活动。清晨，男女青年携带贡品，在巫师点燃起松枝，缓缓升起柱柱白烟后，开始向女神敬献贡品，向篝火上洒酒、丢鲜花。祭祀完毕，可转千木山一周，在泸沽湖岸嬉戏、野餐、赛马、歌舞，夜中就地息宿。祭祀活动时，青年男女态度庄重。祭祀结束后，情绪欢腾。这一活动过程中允许野合。在另外一些民俗记录中，还有比较明确的规定：在进行求育巫术活动后的当夜，夫妻必须要同房。这类巫术活动的信仰与具体实践，尤其是祭山后按仪式程序进行的野合，自然可助益于部落人丁的兴旺。

通过这些各具特色的巫术行为，实现与上天交感，让天神看到芸芸众生的虔诚，子民们就有了实现愿望的可能。这形形色色、千差万别的巫术活动背后，蕴含的是同样的精神：在特定时间、特定地点，经过萨满巫师作法，就有可能愿望成真，走向成功。

实施巫术，求助于上天，总是自己无法把握其命运、控制其进程、必须得到神佑的大事：久旱、天不下雨；女性的孕育；狩猎猛兽、大兽；与敌对部落冲突等等……尚处蒙昧、知识未开，或知识稍开，但又不能洞悉相关事理前，在生存能力相对软弱的形势下，这类巫术活动，就成了人们最方便、最省力、也是最能取得精神安慰的途径。因此，巫术在人类社会中就有了十分丰厚的土壤。环顾上下古今，亚洲、欧洲、非洲、美洲大地，在古代先民生活中真可以说是无处不见巫、无人不信巫。知名考古学家张光直先生曾就此说过一句很有名的话，“经过巫术进行天地人神的沟通，是中国古代文明的重要特征，沟通手段的独占，是中国古代社会的一个重要现象。”用这些一般性的结论，分析康家石门子岩画遗存，可以清楚地认识，它是东部天山呼图壁大地上的古代居民，在渴求人丁兴旺时，实施求育巫术的圣地。这遗址，不仅是认识他们曾崇信巫术的证据，对他们为何选择如是环境实施相关巫术、巫术活动中的具体诉求等，也都可以通过一些画面，而得以感受。在历史文化研究中，可藉此获得新知。

深入剖析康家石门子遗存的诸多细节，对这片地区古代居民为什么一定要选择在这里实施巫术，以及他们通过巫术曾经陈述的诉求，可以得到比较具体的概念。

广袤的中原大地，商汤求雨，必须到“桑林”；楚人求育，必须在“云梦”。给我们提示的重要信息，就是这类关系生死、存亡的社稷大事，是必须要在特定环境中展开，才可能为上天感知的。这样的环境，不能是随意的、一般的处所，而必须有自身的特色。什么特色？有关“桑林”、“云梦”的环境，未见前人揭示，但康家石门子却是可以感知的典型。它必须是与人类孕育工程密切相关、相似、最富生命活力的所在。康家石门子的山特别壮伟，高接云天；周围溪水环抱，形如男女之相拥、相合。而且山前林木、草丛茂密，生命力旺盛，自是天神垂顾之处。

通过岩刻画面，可以清楚地把握巫术活动最强烈、最主要的祈求：其中的核心，就是强烈渴求岩刻者所在氏族、部落（总之，是集聚在此进行相关求育活动的人群）中的男子们，能有特别伟岸、强壮的生殖器，并且在两性交合中，具有超群的能力。这一时段的古代呼图壁居民，似乎认定只有男子主宰着后代生育的钥匙。男子在交合活动中的作用决定着子嗣的孕育、生产。是男子胸腔中的小人（还强调是有胡须的小人）通过交合，栽植入女子腹中，才有了子嗣的产生。这一理念，今天看去，幼稚而荒唐。但男子胸腔中刻画的男性小儿图像，却只能作出这一推定。这一观念，看去可笑，但在今天欧洲个别天主教派中，却仍然可以看到相类观念的存在。

实施巫术的主要手段之一是巫师萨满的动作、语言。当年实际舞蹈祈求的声音、内容，今天已无法获知。但镌刻在岩壁上的画面，对男子生殖力量的强调，对两性媾合行为的歌颂，及实现了大量子嗣繁殖后的欢乐等等这些艺术语言，表达了向“神灵”的诉求，是他们追求的社会目标。

画面还显示岩画作者既祈求所在居民集群，子孙成群，人丁兴旺；而对与自己存在矛盾的虎图腾部落，则明白、清楚禳诅他们遭遇厄运，会被弓箭伤害、射杀，甚至被消灭。这一细节，有如汉代夜郎国王诅咒“汉朝吏员”的手法。为什么表现为“虎”图腾，还可稍予申述。

康家石门子岩刻，满壁几乎都是与求育相关的画面：伟岸的男性生殖器、媾合中的男女、媾合男女下方一列列欢跳的小人……就在这么一区都与祈求男根伟岸、两性多多交合、大量生育子嗣的岩刻画中，偏居画面左下角，与整个画面并不协调的刻画着两支挺立的虎类动物。它们全身是划一的几何形条斑纹。两虎一大一小，威猛站立，朝向欢跳中的人群。在牡虎周围，显明可见，有3付弓箭，满弓待发。在大虎左下方，一匍匐着的猎手，隐约可寻。

这一画面，发人深思。它的旨趣、祈求，与整个求育画面，粗看似无关联；但从巫术祈祝、诅咒的特殊功能分析，它们又有内在联系，可以从另一角度显示巫术活动主人们内心的诉求。

从事巫术活动的居民，祈求人丁兴旺，是希望有更多人手，部落更强大。这自然不仅可以帮助狩猎、生产的事业，也可以在与相邻的部落群体发生矛盾、冲突时，居于优势地位，获得胜利。为此，就既要自身人丁兴旺，也要诅咒敌对势力——虎图腾部落，遭受灾难。敌对、矛盾一方的灾难就是自己的胜利、欢乐。可见原始社会，也并不是一个诗意的、桃花源式的世界。

环顾天山内外，在公元前1000年中，确是有崇拜虎类动物的氏族、部落群体存在的。在去呼图壁康家石门子不算远的天山阿拉沟，发现也发掘过崇拜虎类动物的居民。一座公元前三世纪前后的女性墓中，随殉的虎类金牌饰就达12件以上，每块金牌重达二三十克，其崇拜的感情可见一斑。吐鲁番盆地内也在不止一处公元1000年的墓地中发现过青铜虎、对虎纹金质饰牌等物。这些墓主人自然都是视虎类为保护神的古代聚落，与崇拜对马的康家石门子人是相异的。相邻的地域，相近的时代，文化心理迥然有别，矛盾就会难免。康家石门子居民在寻求自身人丁兴旺时，不忘给有矛盾的邻居送去诅咒，求其势力衰弱，不能成为自己的对手，这一心理在这一画面中，若可捉摸。

实施巫术活动需要特定的环境，也需要特殊的气氛。岩刻壁下，大量厚积的火灰是有过长时期烧火的证据。而炽盛、浓烈、高高升腾的篝火，正可以营造出巫术活动不可缺少的气场。因此，请巫师、萨满作法，火是不能或缺的一环。王宏刚在《满族与萨满教》一书中，曾经介绍许多资料，说明萨满施行巫术重要方法之一就是要用火，而且必须借助于火。

在进行过这么一番历史的、原始宗教的、民俗的巡礼后，再回到天山深处幽深、优美的康家石门子山沟中来，面对伟岸、陡峭石壁上刻凿的种种画面，油然而生这样的逻辑推论：这一所在，就是古代呼图壁大地的居民，进行祭祀求育、实行生殖崇拜的庄严殿堂。人们在这里进行过寻求强大生殖能力的原始巫术活动，与中原大地上进行过的“驰祖”、“观社”、“祭桑林”的活动，彼此是精神一致、形式相类的。

中原大地一些地点曾经有过的生殖巫术活动，虽可以在古文献字里行间爬梳出一点信息，终因社会的变化、礼俗改易，今天的人们，对那些并不完整、过于简略的文字，已难求得确解；而通过天山深谷中至今保存完好、未经后人改变的自然环境，岩壁上直白清楚的刻凿画面，就不难窥见当年这类活动的蕴含，触摸到其中寄托的情思。把它与古代文献中的记录、民俗文化中的遗珍相结合，彼此说明，互相补充，我们对人类早期历史阶段曾经有过的生殖崇拜信仰，以及在这一信仰指导下进行过的多方面的求育实践，包括巫术活动中的群体舞蹈，就有可能得到较为具体的概念，助益于认识的深化。

诸多细节，作为根据，可允许我们展开想象：在距今3000年前的康家石门子山谷中，峭立的石壁下，每年一些特定时日，山前山后的古代居民，曾群情踊跃，集聚到这里的沟谷两岸、漫坡草丛之中。在盛大、辉耀远近的篝火旁，巫师手舞足蹈，口中念念有词。祈求氏族、部落人口繁荣的祝祷，在山谷中飘响、回荡，更激起人们的热情。烟云缭绕，火光通明，青年男女们热烈而欢乐的迎合巫师的动作，欢歌劲舞。尽情歌舞以后，天山深处的丛丛莽林、沟谷岸边的低丘缓坡、漫布的草丛之中，都可以成为新情旧侣们理想的谈情说爱、寻欢作合之处，由此实现人丁繁衍的愿望。在这种每年持续进行的生殖崇拜巫术活动中，还灌输、培育了寻求高生育率的思想信仰，激发他们新的情思，丰富相关的生殖崇拜文化。

这类全民性的活动，在不少地方保留至今的狂欢节中，仍然可以找到同样的气息。人类的文化，确是传统相延的。

曾经在康家石门子的山坡前、台地上祈求取得强大生殖能力，进行过生殖崇拜巫术活动的古代天山居民早已消逝。当年曾经有过的许多新鲜活泼的、有血有肉的活动细节也已成永远的历史奥秘。但他们确曾在这里有过祈求生殖的巫术活动，它的主要形式，它的基本情节，我们从其所处环境、遗迹、岩刻画面诸多细节，可资类比的民俗、神话故事中，仍然有可能追寻到一个大概的轮廓。

康家石门子自然地理环境，与清楚表现生殖崇拜意趣的岩雕刻画结合在一起，成为实施巫术活动的理想舞台，构成一组表现古代祖先生殖崇拜观念的典型遗存，是认识、研究原始思维特征的珍贵材料。

二 丘陵为牡 谿谷为牝

今天我们都知道，在知识未开的蒙昧时期，万物有灵曾是祖先们信奉的真理。但这个概念，在原始先民的实际生活中，曾有过怎样的具体实践，却是我们十分陌生的。康家石门子，这里的山，这里的水，这里的植被……当年曾引发过我们祖先的灵感，让他们出现过这里最能产生新生命的玄想，从而才激发了他们的创作热情，只在这块峭壁而不在其他地方，镌刻下祈求生命繁衍的画幅。

这样说，自然不是武断。它可以得到诸多民俗文化、甚至步入文明后文献记录的呼应、支持。人类的思维历程，认识、改造世界的实践，是有规律可循的。

关于康家石门子岩刻画遗址的环境，在前面的文字中曾经有过介绍。这里稍作概括，以便呼应：一是岩刻主体所在山峦，陡峻、伟岸、色泽赭红、形貌特征不同于其他；二是山峦下，有溪流曲折迴环、绕岗而过，流水终年不断，清碧宜人。山冈下、溪流旁，林莽丛生、花草遍地。这山、这水、这草地，曾经给古朴的祖先以强烈地触动，引发他们的虔信：这是一片有灵性的、富含生殖能力的土地，是他们与冥冥中的神灵得可能互相交通的所在，是他们通过祈求可以实现人口生殖、实现氏族、部落人丁兴旺的宝地。于是，他们选择了这里作为自己进行生殖巫术活动的场所。

也因为这一点，我曾强调，康家石门子大地，与岩刻画面本身是一个不能分割的整体，是可以追寻到原始思维特征、摸索原始思维规律的典型的环境。这样的遗迹，这样的标本，它处难寻！

不论从古文献记录，还是尚存的、十分生动的民俗学资料中，都可以寻求到相同、相类的例证，这就更开拓了我们的视野，增强、丰富了一个概念：在人类历史发展的一个特定阶段，在不同地区、不同种族、不同民族的居民集团中，人们面对同样的历史性课题，曾产生过共同的信仰，表现出共同的认识事物、分析事物的思维规律。

古代汉文古籍《大戴礼·易·本命》中有一句话，说是“丘陵为牡，谿谷为牝”。认为高峻的山岭、丘陵就如男性生殖器，而低凹、流水的溪谷则同于女性生殖器。这是黄河流域大地上，古代先民曾经持有的认识。在经历久长的历史风雨的洗刷后，仍然被视之为真理，并被记录在经典性的文集中。这八个字，是十分洗练的、一种规律性的概括，表述着一种遥远的文化信仰。显示中原大地上的古代先民，有过同样的思想历程：高峻的山岭，低凹的溪谷，是不同凡俗的风水宝地，可以赋予人间奇妙的生殖能力。

类同的思想、认识，在现存的民俗资料中还可以找到不少，说明这一观念在古代，曾具有普遍性意义。比较有名的例子之一就是西南彝族人民对四川、云南边境泸沽湖（母海）及其四周山丘所持有的信仰：泸沽湖为女神，湖北岸的哈瓦山是男神。邻境四川境内的瓦如卜拉山也被认为是女神泸沽湖的阿肖（情侣），而女神的另一情侣是则枝。传说更具体生动：有一天，当女神与情侣则枝在一起时，为瓦如卜拉撞见，禁不住妒性大发，手起一刀，把则枝的生殖器砍成了两段。今天保留在达坡村附近的山冈，就是则枝生殖器失落下来的一段。泸沽湖女神的情人实在不少，前所（地名）境内的何底吐古雪山，是她的情人。左所（地名）境内的荣特拉特布山，也是与泸沽湖女神有关的男神。延伸到泸沽湖中的吐布半岛，是男性的身躯。上列山冈，都是男性或男性生殖器的象征物，是具有生命的神。

更清楚的显示这类灵石崇拜思想的实例见之于云南木里县俄亚乡卡瓦村中的摩梭人。在他们住地的西郊，有一条阿布流沟。沟畔山上有一根钟乳石柱。这石柱就被视为了具有生殖功能的男性生殖器。村寨内有妇女不育，可以到这里吮吸钟乳石柱顶上凹洼中的积水。这种积水被视同精液。认为这样做就可助益妇女生育。溪流与石柱,在这里，也被视为男女生殖器的代表。于是，生育巫术行为就在这里展开。

与这种视灵石为男性生殖器相同，出于同一思维逻辑，摩梭人也选择外形相近的自然物，作为女性生殖器的象征，并进行相应的求育巫术活动。据杨学政在《达巴教及东巴教》一文中介绍的资料，云南永宁县的摩梭人就把格姆山腰的山洼视为女性生殖器。而乌角摩梭人则把喇孜岩穴的钟乳石洼视为女性生殖器。俄亚纳西族把阿布山岩穴内的石凹坑视为女性生殖器。左所地方的纳西族则把泸沽湖畔千木山北麓及西北麓一些火山岩形成的洼地，看作是泸沽湖女神的生殖器。与此类同，还有不少村落把村寨附近稍为低洼的地貌视作女性生殖器，不论是摩梭人，还是纳西族人，在这里表现的思想信仰，既可以透见自然崇拜、万物有灵的精神，也显示着生殖崇拜的气息。

这些实例不仅可以见之于较为边远、闭塞的一些少数民族地区，即使在被视为文化相对进步的中原江淮大地，留存至今的古老的习俗中也可以寻觅、发掘到同样的思想观念。在江淮农村，数十年前，民间建宅立墙,都还有请风水先生测地看脉的习俗。这些风水先生的“理论”根据，积淀着十分古老的民俗文化。他们在为生者选择宅地，或考虑村落、城镇的地理位置时，认为最好的地点是所谓“母形”地。什么叫“母形”地？就是指两山夹一水的川地，或两山夹一谷的谷地。把这类地貌特征的所在，称为“母形”地，实际是与上引《大载礼》中文化观念是相类相通的。认为宅地在此,居民将得到福佑,人丁兴旺，其中蕴含的生殖崇拜精神，是很明显的。觅死者阴宅，一般也要选形如女阴的低凹地形，称它们是“鲜花地”、“莲花地”，如“金盘献果”。死者能入葬这样的“鲜花地”中，生者、家属都可以得到荫庇，同样会丁口兴旺。

这类对山石、溪谷的崇拜，在汉民族的古代神话中也保留着迹痕。如夏禹的妻子涂山氏化成巨石，石破而生启；古代巴人的神话说，其祖务相出于钟离山崩后的石穴。说始祖生于巨石，或说英雄出自巨石，都明显显示着灵石崇拜意识。

从万物有灵这一观点去分析、认识康家石门子的地理环境，我们可以得到一种新的体悟，这就是：康家石门子的山、水、草、雨等，实际构成了一组和谐的、多层次的环境，成了当年古代天山居民寄托生殖崇拜观念的理想境界。这里山高、水清，万物欣欣向荣，自然也就成了通过巫术活动实现人口繁殖的最理想的环境。为什么他们当年要把这么一区大型的、与求育巫术密切相关的岩刻遗址放在这里，而不放在四围皆山的另一处地方，这应该是最有力的内在根据。

三 马祖崇拜

马祖崇拜，是古代世界相当广大的地域中存在过的信仰，是古人生殖崇拜观念的又一种表现形式。

在欧洲大地上的旧石器时代洞窟彩绘遗存多有马的形象；在伊朗西部卢里斯坦青铜时代遗址中出土了大量青铜饰牌，多见双马形象；在阴山岩画遗址也不止一见双马画面；前文引述过的古代印度史诗《罗摩衍那》、中国古代典籍《周礼》等文献记录中，也都可寻见马祖崇拜的痕迹。

而现在，在康家石门子岩雕刻中，我们又赫然见到了进行马祖崇拜活动的画面，可大大深化我们对马祖崇拜的认识。

为了对这一崇拜的深远历史背景有一个轮廓性的了解，我们先了解一下欧洲旧石器时代彩绘洞窟遗址中的有关图像及研究的结论。

法国学者巴丹特尔在其《男女论》中说过一句值得注意的话，他说，在欧洲大地上，“马是最常见的男性象征物”。这不好理解，要得其旨趣，必须把我们研究的目光转移到欧洲学者对早期原始社会人们的思维特点、信仰状态的研究，及在这一基础上产生的结论。人们普遍了解，在法国、西班牙发现过不少旧石器时代洞窟，洞窟中有许多色彩绚丽、绘满各种动物的画面。经过长期分析、综合研究，人们发现，这种旧石器时代岩画艺术，最显目的特征之一，就是将各类不同的动物形象组合在一起，区别为不同的性别。法国考古学家安德烈·勒鲁伊古朗在其名著《史前艺术的宝藏》中，在对这类壁画进行了比较系统的调查、统计、分析后，提出岩画形象中的“马—野牛＝雄性—雌性”的结论。他调查了 66 个有岩画的旧石器时代洞穴、100 多个史前遗址，统计了 2188 个动物形象，经过认真的解析后，提出了一个观点：旧石器时代的画家，并不描绘所有的动物，而只描绘某些种类的动物。而这些动物分别代表着雄性（马、山羊和鹿、长毛象）、雌性（野牛、公牛和母鹿）。在旧石器时代人们的观念中，某些种类的动物都被看成是雄性的（如公马、母马都代表雄性），而一些种类的动物则代表着雌性（如牛，甚至包括公牛）。

这是一种很值得注意的文化现象。在呼图壁康家石门子岩雕刻遗迹中，我们见到了可以与此联想的画面。在岩刻遗迹的最上方，第 1 组画面中，形体十分秀美、身形高大的 9 名女性，分别以两组对马为中心，翩翩起舞。而在舞女群体的左边，则是斜卧的一名面型粗犷、壮实有力的裸体男子。全身涂红，身份不同凡俗。他正心无旁骛、凝神注视舞蹈中的对马及裸女。

身形高大、刻凿精细的裸体女性，面部表情十分庄重，舞蹈动作一丝不苟，说明正在完成着一种近乎神圣的使命。画面上每个裸女脚趾方向，无一例外，都朝向对马图案。从右侧形体最高大的裸女起，右边 3 人，脚趾均向左；第四、第五人脚趾向右，共同面向其间的一对牝马；第六人，脚趾朝左，第七到第九人，脚趾向右，在她们中间，则是一对牡马。环绕对马舞蹈的女性，动作整齐划一，情绪愉悦。

对马图形，一组为牝、一组为牡。右侧牝马，身体通长 27 厘米，形体瘦长，头、蹄彼此相对。通体涂染成朱红，构成相当规整、严格对称的长圆形图案。马尾后垂，尾毛末端有意地刻成锐角三角形。牡马居左，马身通长 20 厘米，基本构图与牝马相同，但未见涂染朱红，只是着意刻画并突出表现了公马生殖器。生殖器长如马腿，彼此相连，形成严整的对称图形。对马特征把握十分准确、线条十分熟练、图案构架完全对称，从这几个方面观察，用这种方式表现当年人们对马祖的崇拜，是十分成熟的，几乎成为一种规格化的模式了。

《罗摩衍那》是世界闻名的印度两大史诗之一。史诗的最后完成者，一般都说是距今2000多年前的蚁蛭。但是，作为一部卷帙浩繁的史诗，它众多而丰富的原始素材，肯定当出于古老的民间口头传说。史诗的第一编为《童年编》，主要说罗摩童年时期的生活。在叙述罗摩诞生时，讲到十车国王曾进行过马祠，祈求天神垂青，赐给爱子。而马祠的具体情节，就可以与康家石门子岩刻上述舞蹈画面相联系。

《罗摩衍那》中介绍的马祠活动，是说古代印度的十车国王，因为没有儿子，后继无人，心中忧烦。于是臣下建议，根据传统习俗，实施“马祠”，向神灵求子。这一活动，形式繁缛、复杂。首先要提前一年准备好一匹（或说一百匹）供作牺牲的祭马。将它洗刷的干干净净，放到东方，任其游荡。一年后，把多已怀孕的祭马收回来，系于祭坛旁的祭柱上。再请王后站到祭马的身旁，由祭祀主持人用一块大布，把祭马与王后遮盖在一起，作法念咒。再由王后亲手把祭马刺死，并与祭马共待一夜。其他王妃，也要一个个抚摸祭马尸体。这时，再由祭官从已怀孕的祭马腹中，将胎马取出。放在祭台上炙烤。散发出香味，远近可闻。祭官再一齐动手把祭马解剖，投入祭火之中。最后，祭火中会出现一个浑身发黑、身着红衣的神人，怀抱着满盛天国牛奶的宝瓶。十车国王把宝瓶中的牛奶让王后和王妃们分享。如此这般以后，王后、王妃均可受孕。十车国王终于实现了得子的愿望。

我们在这里用了不少笔墨介绍了《罗摩衍那》中描述的古代印度利用马祠以求子的故事。这不仅是因它本身体现着生殖崇拜的精神，而且不少细节，可以与岩刻画第一组画面产生联想。

细心一点观察，岩刻中对马图案中的马体，似为胎马，马体通长不过20至27厘米，与身高1.5至2.04米的裸体女性相比，给人以它只是小小胎马形体的联想。

围绕着对马图像舞蹈的女性，右侧主体，尤其是第一位最高大的、戴柱状高冠的女子，围绕牝马展开舞蹈。牝马通体涂红。十车国王用为马祠的孕马，自然只能是非牝马不可的。旁侧注视着对马与舞蹈女性的男子，有居高临下、君临全场的气势，而且，混身涂红，身份不同于一般。勃起的男性生殖器，与故意夸张、表现具有强壮马势的对马，清楚透示这是与祈求生殖繁育有关，是求育巫术的一个点睛画面。根据这些细节，似可推论：康家石门子岩雕刻画第一组画面，可能在相当程度上，表现了古代新疆也曾存在过利用马祠，也就是马祖崇拜以求育子嗣的信仰。

古代印度的马祠活动中，求育的皇后要在盖布的笼罩下与祭马共处一夜，众妃要嗅闻炙烤胎马发出的香味，才能实现受孕目的。它表现着作为“雄性”象征物的祭马，与求孕的后、妃之间发生了一种交接的关系。岩刻画面上表现的裸女围绕对马（主要是涂染了红色的牝马，也有一般的牡马）舞蹈的画面，应该是隐喻裸女与神马的交接，表现的是同一信念、同一思想。

在古代中国，把马作为雄性的代表，并认为马可以与人相交合，而且这种交合可以促进人类的生殖功能的思想观念也是存在的。除上面已经论及的康家石门子岩雕刻第一组画面外，还表现在民间神话、民俗故事及古代文献中的片言支字记录。

居住、活动在新疆地区的哈萨克族至今仍流传着这样一个神话故事。说是遥远的过去，有一对老夫妇，身边的马群不幸走失。为了找回失落的马群，嘱 8 个孩子分头外出，却又都是一去不回。老人年迈体衰，畜群又失落，生活十分艰难。贫病交加，使老人困顿在毡帐之中，饥饿使老人变得十分的疲弱，已处于生死交关的时刻。一天，突然从毡帐的天窗上垂下一条条母马的胸肉。夫妻俩挣扎着爬起来，吃下了这些马肉。说也奇怪，不仅立即驱除了饥饿，恢复了健康，还重新获得了青春的活力。很快，老妇又生下了一个孩子。这个小孩成长后，决心外出寻找兄长。一天，他来到一块肥沃的草场上，发现了数不清的马群。8 个兄长也和马群在一起，因为马太多了，多得没有办法把马赶回家。小兄弟聪明，他想了一个办法，就是找出马群中最老的母马，驱它下山。老母马一动，千万匹马，尾随其后。于是，兄弟们又回到了父母的身边。在这个故事中，马与人的生殖繁衍能力存在直接的关联。这一点，多少可以看到一点“马祖”崇拜、马与人类生存繁荣密切关联的信仰。

据说，在安徽省旌德、泾县交界的山头上，可以见到一匹生殖器特别强大的石刻牡马。当地农民中有一种传说：有妇女不孕，只要骑上这匹石马，摸摸马势，即可怀孕生子。神马可以使人得到生殖能力的信仰，于此表现得更为清楚。这石雕、相关传说的渊源是很值得关注、追寻的。

在内蒙古包头市郊有一座马神庙。一尊有强壮马势的泥塑马神，作与女性交合情状，赫然出现在神圣的庙宇厅堂之上。民间相信，有不孕的妇女来此拜叩祈求，也可以受孕产子。马是主宰人间生殖的神灵，在这里表现得同样清楚。

内蒙古地区存在过马祖崇拜的观念可以见之于《阴山岩刻》中刊布的有关资料。它主要表现为与康家石门子对马图案相类同的“双马”形岩刻。对称站立的双马特别夸张显示马势的强壮。在托林沟，这类双马图共见两幅。马头、四肢、马势，彼此相对相连，长尾下垂。其造型特点，与呼图壁对马图案，可以说是一个母本。差别只不过是呼图壁对马图与围绕它起舞的秀女，保留着更多一点历史的信息。而阴山托林沟的对马，只是保留下来与生殖崇拜信仰最有关系的角色——马，而把其他所有细节都删略了。

在古代蒙古高原上，马祖崇拜曾是一个影响深远的存在。《阴山岩刻》中介绍的对马图案，数量不少。在长斯特罗盖山顶，一块居南的石壁上，也见到镌刻着一组对马；与这组对马方向相对，在山顶北面的石壁上，也有对马一组。

北自蒙古高原、南及江淮平原、西至天山腹地的这类遗存，异曲同工，都显示着马祖崇拜的信仰，而且从古远的过去一直延续到今天。广大的空间地域，连绵不断的传统信念，这当然不会是偶然的现象，而是清楚显露着一个历史文化的信息：在古代中国的土地上，确实存在过体现生殖崇拜精神的马祖信仰。这信仰，具有强大的生命力。

从考古、民俗、神话传说中推演出来的这个结论，也得到了古代文献记录的印证。

我国古代文献中，同样见到以马代表雄性、以牛代表雌性的概念。在《周易・说卦》中，有“乾为天……为父……为良马……为老马；坤为地……为母……为子母牛。”等文字。良马与父祖，牛与母祖，是相通的。值得关注的还有一点，这就是前文说过欧洲旧石器时代彩绘洞窟中以马为男性象征，牛为女性象征的原始思维概念，竟与先秦文献《周易》的概念相通，是原始人思维特征的一般规律？还是有过一程程、一站站交接、传播的影响？很值得玩味。

《周易・说卦》中对马的拟象、尊崇，在同时代或与《周易》先后的古文献中，也见痕迹。如《诗经・小雅・吉日》：“吉日维戌，既伯既祷”。“既伯既祷”中的“伯”字，历来的注家都释为“马祖”。如毛亨注：“伯，马祖也，重物慎微，将用马力，必先为之祷其祖”。《尔雅・释天》则认为：“既伯既祷，马祭也。”郭璞注释是：“伯，祭马祖也。”《周礼・校人》也称：“春祭马祖”。这里有一个问题，就是这里的马祖，具体指什么？并未得充分的阐明。十分可能，因为历史相隔遥远，社会生活发生了很大的变化，经营农业生活的人们，已难完全洞悉、把握古远游牧民族祖先的思想文化实际，而只能止于字面的一般分析了。

传说，绝不是空穴来风，它积淀着古老的传统文化，具有强大的精神力量。祭马祖的习俗，爬梳汉文献记录，周代以后还是存在的。甚至明初，也仍还有这样的遗风。朱元璋因为完全不懂如何祭马祖，还下令臣下将其作为一件大事进行过一番研究，要搞清楚古代马祭的仪式、内容，但并未得要领。最后，拟定了一套“祀马祖”的办法。而对所以祭祀马祖，则明确说是因为“历代兴邦，戡定祸乱，咸赖戎马，民人是安”。而朱元璋“自起义以来，多资于马，摧坚破敌大有功焉”；对“马祖”的祭祀，已完全见不到最初籍祀马祖而求育的原始信仰的迹痕，而只有对战马忠诚献身而表示的感情怀念了。

说到这里，还有一个问题并没有解决，这就是原始人类为什么会产生把马作为雄性的代表，作为男性象征物的概念？后来衍生的把马视为人类祖先，在马身上寻求生殖功能的观念，显然是与此密切相关的。而且，这一思想观念，存在、流布是那样的广泛，从华夏大地到印度半岛以至欧洲大陆，都显示了相近的文化内核，它们是观念交流、影响的结果，还是人们在相同的历史环境中，面对相同的社会要求，在共同的原始思维规律的制约下出现了共同的信仰？确实是一个值得进一步追索的问题。

原始思维，最重要的特点之一是把人类与人类生活的环境混同一道，同样看待。宇宙星辰、山川地理、动物植物，都是有生命，而且存在性别差异的。因此，与人一样，所有生物，都也有一个孕育、生产、生命延续的问题。《周易·系辞下》曾经说到这一现象，“古者包羲氏之王天下也，仰则观象于天，俯则观法于地，观鸟兽之文与地之宜，近取诸身，远取诸物。于是始作八卦，以通神明之德，以类万物之情。”可见，包羲（伏羲）正是运用了这种“观象于天，观法于地”、“近取诸身，远取诸物”的思维方法，构造了八卦，区别了阴阳。所以“通神明之德”、“类万物之情”是必须遵循的原则。在这样一个构造体系下，马，作为人类早期畜牧生活中的忠实助手之一，当然会是人类观察、思考、研究过的重要对象。牡马强大有力的马势，一年一胎的生育特点，亲子之间绝不相交的特性。大概，都曾经启示过早期游牧人的深层思考。所以把马的形象与男子等同，在马体上寄托人们祈求生殖能力的信念，这些因素可能都是起了作用的。

第五章

画里画外觅史踪

呼图壁生殖崇拜岩雕刻画从目前研究来看，距今约三千年左右。但是它的主人却是多个种族的，既有蒙古人种，也有印欧人种，显示着古代民族群体发展、彼此融合、不断进步的真实历程。这种不同族体彼此平等、共同进步的精神是值得吸收弘扬的历史真理，也反映了生殖繁育是早期人类生存灭亡的头号问题。令人惊叹的是，岩雕刻画中还有两性同体的画面，这是先民们对男女两性交合奉献的歌颂，也反映了人类社会进入到男性取得历史性胜利的新阶段。

画中有思想、显祈求，也留有特定时代的印记。通过康家石门子这块稀珍的岩画遗存，可以寻觅到人类共有的，或新疆大地独有的诸多历史、文化信息，汲取到精神营养。对其剖析，是一项文化工程。涉及面广，知识部类多。随研究者视角、知识储备的不同，也有认识深浅、厚薄之殊异。但总的说，它是原始社会后期历史文化的遗存。涉历史、考古、原始宗教，也涉原始思维、艺术创作、舞蹈起源，甚至古代新疆、呼图壁大地与周邻地区间的关系，是大概不错的。不同学科的研究者们只要愿意虔心沉入康家石门子岩画世界中去，肯定就会有相应之领悟、收获。在可能不时出现的会心一笑中，就能感受到难以描述、却又是难以取代的心灵愉悦。

偶然的机缘，使我在25年前，先一步到了天山脚下呼图壁，步入了天山深处的康家石门子。近30年来，在这里汲取到的养分，曾在不少环节上帮助我深化了自己对古代新疆原始社会先民物质、精神生活的认识，触摸到原始思维的迹痕，感受到原始艺术的特别鲜活纯朴的个性，获益良多。只是受个人知识素养的局限，它们是零碎的、局部的、有限的。有些自己认为是正确的判定，可能还不免是片面、肤浅之说。现在，又获机缘，可以将相关认识奉呈在读者面前了，自然是既没有保守，也绝不妄自尊大的。以下的观点，都是曾经过咀嚼、自感是可以算为“一得”的。写出来，只是希望与关心这一遗存的友人分享；自然，也希望听到新见，祈愿言之有物的讨论。即使是批判，也不会以为忤。因为只有经过如是一翻煅烧、磨炼，才有可能使呼图壁岩刻的历史文化精神更加辉煌，可以更完整、更接近历史实际的呈现在人间。

岩画壁下有火灰，少部分岩刻画面还留有当年的朱红色涂染物渍。运用现代科技手段，通过物理、化学的分析，是有可能测定刻画完成之年代，或岩画存续时段比较准确之年代的。这是一项未来可以进行的工作；遗憾的只是在 20 世纪 80 年代，在发现画迹后，我却没有能安排去做这件事。当时也想到过 C14 测定，但缺少工作经费，这种设想没能实现，而只是逻辑推定了它是“公元前 1000 年前期”的遗存，比较模糊。直到现在，仍是维持着这个大概的推定：康家石门子岩刻画，可能是去今三千年前期的一处遗存。

所以如是，一是感到这一遗存，从画面本身看，创作、使用、增删、再创作……确曾经历过相当长一个历史时段，它绝不是完成在一个很短时段内的普通岩刻。因此，用较为模糊、相对长一点的历史时段去说明，可能会比用一个十分具体的年代去结论，更能体现岩刻画的时代特征；二是，当时确也感到用为推定其大概年代的几项历史、考古根据，还算有理。

从历史根据看，画面本身显明已完全看不到将子嗣繁衍与女性联系，存在女性崇拜的特色。强调的只是在推翻女性神圣地位后的两性同体、男性为主决定生殖的概念。这是原始社会后期父权制出现、父权制强盛时段或更晚一点时段内的历史文化特征。根据当年已获考古资料，参照汉文献记录，新疆地区步入文明、进入阶级社会，总在公元前 3 世纪以前，把这一岩画模糊些地说在公元前 1000 年前期，从社会生活一环分析，还比较切合。

从考古根据看，去呼图壁不远，同居天山北麓的木垒县四道沟，发现并发掘过一处青铜时代遗址，出土过十分典型的石祖。遗址经 C14 测年，早期文化层在去今 3000 年前，晚期文化层则在去今 2300 年前。这一十分重要的石祖资料，与康家石门子岩刻的历史内涵，是一致的。

近年，在呼图壁县雀儿沟东南、石门子水库北岸台地，发掘过一批青铜时代墓葬。墓地与康家石门子仅隔一道低山，空间距离大概只有十公里之遥。墓内出土了鹿形带钩、金箔、铜镞、彩陶、青铜短剑等文物，时代在距今 3000 年左右。去今 3000 年前后，与康家石门子近在咫尺的山沟内，有人群居住、活动，将它们与康家石门子岩刻联系进行分析，相当自然，不失为一个可以参考的历史资料。

尤其是在河南安阳商代晚期青铜器所示族徽图案，也多见双马形象，绝对年代在公元前 13 到 11 世纪内。在伊朗北部锡亚尔克青铜时代遗址中，出土的彩陶罐上有双马图，这是公元前 9 世纪的遗存。在伊朗西部扎格罗斯山卢里斯坦青铜时代遗址中，出土了大量青铜饰牌，其中多见双马形象。一些文物形象的青铜饰牌，男性人物的胸腔中，也见到人的头像。只是这些文物都是比较显明的蒙古种人形象，面型宽圆，颧骨较高。

伊朗西部考古遗址中所见双马形图像，男子胸腹中，见人头像，和呼图壁康家石门子岩刻中相关图形一样；年代，自东而西，自安阳到新疆至伊朗，还可以约略见到时代由早（公元前 12 世纪）向晚（公元前 8 世纪）的发展趋势。呼图壁康家石门子正处在这一文化链条上。其他可能的文化蕴涵，我们暂不展开，只就岩画创作年代一点作分析，说康家石门子岩刻，完成在公元前 1000 年前期，应该是推论有理、持之有据的。

关于当年呼图壁岩刻画的主人，是一个应该关注的问题。头戴高帽、帽插翎毛，上身作倒三角形、作舞蹈状的岩刻人物，在南西伯利亚岩画中，曾不止一见，俄罗斯考古学家判定它们是去今 3500 至 3300 年时段内的遗存；近年发掘的吐鲁番苏贝希、胜金店墓地，因气候干燥，出土过多具保存完好的干尸。有的女尸头戴尖顶毡帽，帽上有杆形饰物，或左右飘展的翎状饰物。帽饰与康家石门子岩刻人物相似。吐鲁番苏贝希遗址，墓主人生活的年代在公元前4世纪左右，而吐鲁番与呼图壁，彼此地域相近，文化遗存自然可以作比较分析。

在康家石门子沟谷东南，地域毗邻、相去不远的阿拉沟，出土过公元前3世纪前后的古代塞人墓葬。一位年轻女性，随殉大量虎形金饰牌、金饰带，这说明墓主的部族崇拜虎类猛兽。康家石门子岩刻上有清楚的诅咒崇拜虎图腾人群的画面，或与这一彼此居地相近，而又视虎为图腾的居民群体有关。居地相近，观念差异，矛盾难以避免。形式逻辑，似可以作出这一联想。毕竟，他们至少有相当岁月是共存在中部天山地区，觅取的物质生存资料又相同相类，终难免会有实际生存利益的矛盾。于是，崇拜虎部落的群体，受到康家石门子岩刻主人的禳诅，就不会太让人意外。直到公元前3世纪，崇拜虎类猛兽的阿拉沟居民，还在这片地区活动。这一时段，自然就可以成为康家石门子居民在此活动时间的参考。说康家石门子岩刻居民在公元前3世纪以前，也是这片地区的主人，逻辑上可能是不会错的。

康家石门子岩刻，最后是突然终止的。不少刻画似已有构想，却没有完成。这一突然的社会变化，有没有可能与他们和邻人的矛盾，或这一时段频见的民族迁徙活动存在关联呢?

如是种种考古资料，都引导我们将康家石门子遗存的时代指向公元前1000年的前期，这是一个虽较为模糊、但却又是可以说得过去的时代结论。

呼图壁康家石门子岩刻，从画面高悬于距地面至少3米以上的峭壁，最高处距今地表已达12米上下，人手难及；刻画之人物曾精心设计、琢磨，一丝不苟；不少画面，均具特定历史文化内涵。由此可见，它绝非一般的即兴、涂鸦之作。对借此而行巫术、祭祀大典的岩刻族群来讲，它曾是近乎神圣、关系族人未来命运的原始宗教殿堂。因此，其创作态度的认真、谨严，是超乎一般的。从事这一刻画创作的成员，自然会都是族群中对绘画、雕刻有造诣的一群艺术家，只是史上无名而已。他们同样具有超乎常人的艺术感悟力，是不必怀疑的。从岩画人像诸多曾修正、改定线条的细节观察，这些无名艺人们，在完成这一创作时，态度是十分认真的。对相关人物，曾十分注意具体形象特征之刻画，着意显示了人物的面形、帽饰。只从帽饰一点观察，与不少出土文物、饰牌、干尸之帽羽，均可比较、呼应。说明他们表现了细节的真实。因此，在一定程度上可以利用这图像资料对他们种族、甚至民族进行分析。

岩画中不少人物，如环绕对马舞蹈的女性、双头同体人像、媾合中穿裙女性等，创作者对他（她）们的描绘基本一致，都表现出狭面、眉弓发育、眼大、高鼻的特征，让人油然而生这些人物具有欧亚人种特点的印象。岩画创作者对这些面容特征是十分熟悉的，因为都是他们身边的人物，特征可以说了然在胸，随手凿刻，并不困难。于是，面型主要特征就没有走形。

本着同样原则，分析另一些人物面型，如躺卧在地、面向围绕对马舞女的男子、与穿裙女性交合的男子等，其面型，与另一些胸中含小人的男子面型相比较，他们的基

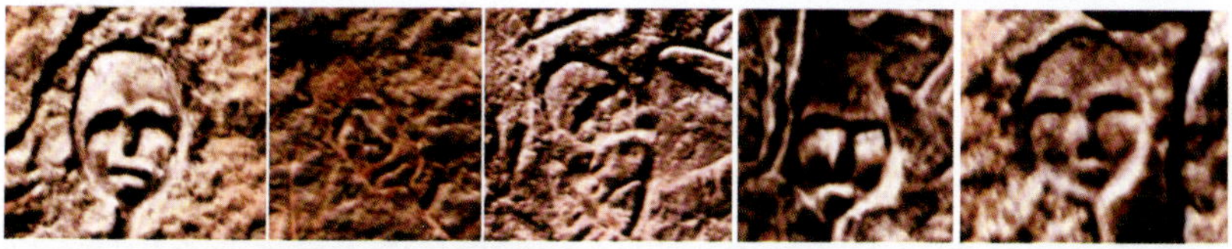

蒙古人种面型，粗犷、颧骨稍高的男性

本面型特征，就有意凸显了差异。他们颧骨稍高，面型较宽，容貌比较粗犷是蒙古人种的主要面部特征。这一着意的刻画，不由得让我们联想，并倾向于认为：在当年崇信这幅岩刻的族群中，种族成分是并不统一、并不单纯的。有的是狭面、深目、高鼻，有的是面型稍宽圆，颧骨稍高起，面容较粗犷，彼此判然有别。如果说深目高鼻者为印欧人种，而颧骨高起者，自然就是着意凸显着蒙古种人的特征。在伊朗

印欧人种面型，高鼻、深眼窝

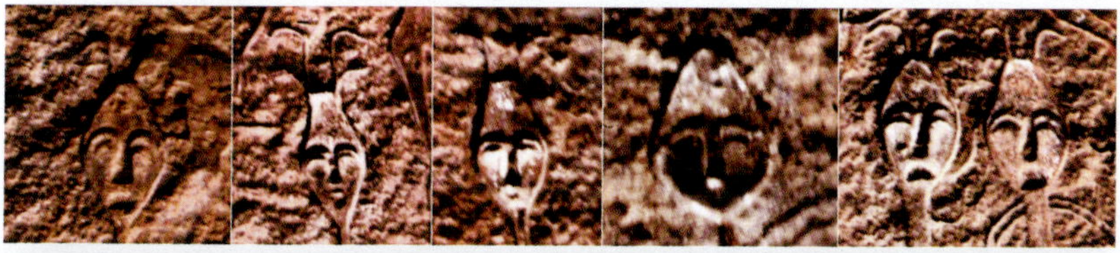

卢里斯坦青铜牌饰中的男子形象，具蒙古人特征

卢里斯坦青铜时代遗址出土对马青铜饰牌中的人物，面型几乎都强调了其蒙古人种特征，这应该不是偶然的现象。

撷取出的这些人物面型说明在岩画创作者们的手下，对这些人物，当年曾是有意显示其差异、区别的，说明群体主人种族并不相同。也就是说，他们虽同居一个聚落群体，有着婚姻关系，但却又有种族成分的殊异。这一区别，表现了当年社会生活中存在不同种族的现实，用意是清楚的。如是，就不能不引发我们深一步的思考：种族差别，并没有局限他们处于同一部落，甚至民族群体之中。因为后者，往往更多是一种有相同地域、经济生活、共同文化心理的群体。也就是说，种族殊异，并未局限他们共处于一个聚落群体之中。这一历史生活的画面，可能揭示着古代中亚大地，不同种族、民族迁徙频繁，往来、交合既方便，也多变。在不同种族、民族混处的环境下，这自然会是相当平常的事情。不仅不会排斥，甚至会是受肯定、被欢迎的事实。于是，在同一空间环境里，就自然出现了不同民族，甚至种族间的血亲交融。这是一种自然的过程，也显示着古代民族群体发展、彼此融合、不断进步的真实历程。任何一个民族（比如汉民族）都是在历史发展进程中混融了许多不同民族，甚至种族的血脉才呈现今天这一面目的。如是，则可以说，呼图壁生殖崇拜岩刻，在一个更深刻的有关人类发展、进步的话题上，给了我们有益的历史启示，弥足珍贵。

在20世纪末刊布的《新疆天山生殖崇拜岩画》一书中，笔者曾介绍过观察中的印象，也根据公元前1000年这片地区曾经居住过“塞人”，岩刻人物多有狭面、深目、高鼻，头戴尖顶高帽的特征，而提出过画面中的人物，有可能是“塞人”；与此同时，也说到与上述狭面、深目、高鼻，头戴尖顶高帽的人物共存，岩画人物中有面型宽圆、颧骨较高、形象粗犷帽饰两支尖角的男性形象，具有蒙古人种特征。当年的这些介绍，今天看，仍然是清晰有据、可以信从的。只是根据这些引申，推论公元前1000年这片地区居民的种族、民族问题，今天还可以多说几句话。

新疆地处印欧人种族群为主的欧洲东部与蒙古种人族群为主的亚洲东部之间，古代人种东来西走，相当方便，并不存在有了国家的认同，有了出于政治、经济利益要求下的边境管理制度。因此，在古代新疆，居民群体中存在不同种族、有远较其他地区复杂的诸多民族共存共处，是十分自然、合理的。大量考古、历史文献记录，对这一点已提供过相当清楚的证明。不同种族、众多民族混居、杂处在一个舞台上，彼此交流、融合、发展，既会有矛盾，也会有帮助。不论主观愿望如何，这都是情理之中的事情。历史进展过程，从本质上看，应该也会如是展开的。呼图壁这片记录了去今3000年前这片土地上曾存在过不同种族、不同民族血亲交融情形的岩画，可以说正从本质上清楚表现着、记录着当年新疆地区人民生活的实际。从这一点看，它的社会历史价值，确实珍贵、不可轻估。它的历史教示，也可发人深省。这一点是全世界任何一个多民族杂居地区都曾实际展开过的社会历史画面。共处在一个舞台上的不同族体，彼此平等、相互吸收、交融，从总的社会历史进程分析，也是值得记取、吸收、弘扬的历史真理。

须要申说的只是一点，岩画，毕竟不同于摄影录像，所以只能比较粗线条的展现社会生活情形。以这些粗率的画面，去研究民族史，自然存在一定局限。但说不同种族的交融混杂，曾是这片土地上展开过的历史真实，是不会错谬的。

三 子嗣繁育是早期人类头号问题

原始先民在面对自身生存、发展时，子嗣的生殖、繁育，曾是头等重要问题之一。

原始人群，在苍茫、广袤大地上，初始以采集、狩猎为生存的主要手段。地广人稀，几乎不存在异己力量间的矛盾。采集各类植物籽实、块茎、野果，以饱辘辘饥肠，各自为战。群体大小、人力多少似乎不是必须考虑的问题。采集经济比较单纯，展开狩猎，则原始集群大小、青壮年力量多少，就关系重大，甚至会关乎狩猎之成败了：挖陷阱，驱赶、围猎食草类大兽，群体太小是难以成功的。这时，子嗣生殖、群体力量壮大的愿望会油然而生。与此密切关联的另一个问题是：采集、狩猎为主的生存方式下，集群会在不断游动、迁移之中。荒芜之处，大家都会弃之他走。可如果遇到水流清澈、草深林密，气候也相当适宜，可以果腹之籽实、果实、块茎丰富，可以捕猎之大小野兽出没，一旦进入或居处于这样的环境之中，不论是有经验、富力量的群体领袖人物，还是相对力量不足的弱者，都会视其为乐土，停息、驻留，不愿离开。地方够大，有足够群体生存的空间，就是理想乐园。在这样的天地内，再进入一个异己的群体，你在河之左，我居河之右；你在山中间，我在山脚下，彼此也还可以相安无事，大概和睦相处、友善来去。可如果因为河水足，环境好，进入的集群渐多，生存竞争的问题就会自然凸显。一群人围捕的野牛、马鹿，虽然已受伤、流血，可竟然还突破人墙，冲出陷阱，逃到了河对岸、水下方的另一群体的住地，伤重、血流、力竭，自然最后成为了这一群体的美餐。这就不可避免会引发利益的冲突。不同群体之间，就会变往昔的相安无事、往来相谐，转而怒目相向，争斗在所难免。这时，集群内人力的多寡、强弱，尤其是能好勇斗狠的年青力量之多少，就会成为这类矛盾、冲突的决胜因素。获胜、占优的最核心因素，就是人力，尤其是关乎胜负的青壮年。这一点，慢慢会成为大家注目的头等问题。上述，虽然只是想象中的场景，但确实也会在不同原始人群间实际展开、时而发生。丛林生存原则，弱肉强食规律，在早期人类生存、发展过程中，是确实存在、难以避免的。人类，大概就是在这样的矛盾、冲突中发展、壮大、进步，一步步走向文明的。

不少考古文化现象，可以帮助形成这一思想观念。

欧洲大地上的早期原始居民，克鲁马农人，通过 DNA 分析，他们的遗传基因与后来的尼安德特人并不相同。因为一些什么具体因素，导致克鲁马农人灭绝，尼安德特人成为了欧洲大地新主人，今天还不是完全清楚。但事实却十分明确的：5 万年前的克鲁马农人并没有生存下来，继他们存活在欧洲大地上的子民，是尼安德特人。

笔者曾在罗布淖尔孔雀河水系发现并发掘过一处青铜时代的原始氏族墓地——古墓沟。绝对年代大约在去今 4000 至 3800 年前。发现时，墓地覆盖在沙尘下，后经全面揭露，去掉近 40 厘米积沙，才得以全面展开发掘的。因此，这是一处几乎没有被后人扰乱、破坏过的古代氏族墓园。全墓地共见之 43 人中，其中一名青年人，下腹部还留存着一件打制的石箭头。用燧石精心制作的，长不过 2 厘米多的石箭头，最后射入他的下腹，嵌在了尾椎骨上。被箭头夺去生命的青年人，十分可能就是血气方刚、勇武过人，在与异己集群冲突中，冲在前面的英雄。异己力量间的冲突，不必疑问，即使是仍处在原始社会阶段的氏族、部落间，同样是人间存在的悲剧。

与古墓沟墓地同处孔雀河水系的小河墓地，也是一处原始社会后期的墓地。时代基本同时或较古墓沟稍晚一点时间。干燥的沙漠环境，使入土之有机质物品，甚至人体都还保存完好。层层叠叠的数百座墓葬，出土过不少干尸。衣饰完好，肌体仍存，保留了大量、鲜活的当年社会生活的场景。其中之一，是多位逝亡在外面的部落成员，他们最后没有能回到存亡相依的集体墓茔中来，亲人们只能以木、皮、毛布，或部分人骨制作成一具如人的木尸，将它埋葬在集体的墓地中。这样的木尸，发现过不止一具，而是多具。在原始社会阶段，个人离开血亲关联的群体，是难以生存的。这些木尸代表的氏族、部落成员，因着这一安排，可以让这些为族群奋斗而死亡在异乡他处的勇士们的灵魂，能够回到他们生死相依的氏族集群中来，获得逝后、来生的安全。这些不能全身回到氏族中来的氏族成员，不论是为了取得食物去与野兽搏杀，获取生活资料；还是因为与异己群体的剧烈冲突，在抗争前沿，失去了生命，再没有可能回归到亲人身边。他们的消失，自然也都会激发一种愿望、一种追求：增进氏族、部落群体的有生力量，是他们生存、发展的需要。

作为生物人，性成熟后，追求异性、完成种族繁衍的任务，是一种再自然不过的本能。这一过程中，孕育、分娩，产出后代子嗣，也都是自然过程。会使原始社会阶段祖先们困惑的，是幼小生命在各种难以预想、无力抗争的困难前突然的死亡。原始社会时期，性生活不会缺乏，群体孕育率不会低，但存活率却不可能高。而且，艰难的生存条件，使群体成员总的生命也不长。作为一个群体，人是最主要的生产力。人口不繁，力量就不强，面对自然、社会的矛盾，处境就不仅是软弱，而且会面临生存、发展的危险。作为一个氏族、部落，自然就会有调动一切因素，满足部落人口增殖、子嗣大量繁衍的要求。

这样说，不只是形式逻辑的推定、分析。以前面提到的青铜时代古墓沟墓地为例：这是发掘时未见盗扰；发掘铺开前，曾经过全面调查、勘探，有计划全面清理的一处墓地。确定范围后，全面揭除了覆沙，务求不漏掉任何一个墓葬。在发掘后，还曾组织力量，细作搜寻墓地的每一角落。如是努力后，共获古代墓葬 42 座。当时这样做，目的就是要解剖一处完整的原始社会墓地，取得相对完整的资料，剖析一个典型，利于展开相关研究。这里只说墓地人口一项，所掘 42 座墓，男女老少，每墓 1 人。其中一墓共存 2 位男性，所以共见 43 人。逝者多是中年、青年。老年，只见一女性。未成年的婴幼儿墓葬共 13 座，见 13 人。他们在全社会成员中的比例，是 13 ∶ 43，占 30% 左右。30% 的婴幼儿不能成年，氏族群体的生存状况确实是令人担忧的。

小河墓地，经过猎人盗掘、贝格曼发掘、新疆考古所发掘，今天已经无法作出一个完全准确的统计。粗估，全部墓葬总可以有 300 座上下。层层叠叠，墓地聚集成沙山。认真清理后，明显可以区分为上下 5 层。前后延续年代，据碳 –14 测年结论，约 500 年左右。从每层墓葬大略推测，这区墓地所属的部落群体，人口实在也是不能算多的。弥漫在小河墓地中的生殖崇拜巫术，如满目皆是的男根、女阴列木，随葬的木雕男性生殖器，许多木雕蛇形木棍，已成干尸的蛇体，被精心收存的脱皮蛇壳……这些都是与祈求强大生殖能力相关的文物遗存，表现了因人丁不繁而祈求有更多子嗣的努力。它们在与环境、异己力量的矛盾中，力求取得优势的心态、追求，虽无文字的记录，但通过这些文物，表露得也是十分明白的。

这类实例，太多太多，无法尽说。只举手边这两个，也可据以判定，在人类社会早期阶段，原始先民出于生存、发展的要求，存在过炽热的、对子嗣繁育的追求。这样说，是绝不虚妄的。而且可以说，这一观念，确实曾是早期人类一个普遍性的存在。古今中外，概莫能超脱。

这两个发掘实例都位于罗布淖尔荒原，绝对年代与呼图壁岩刻相近，空间距离也不是太远。如此作比较分析，有一定的说服力。如果离开这些局限性较大的个例，而以一般性、也具说服力的理论分析为参照，可以研究中国人口问题的学者吴申元先生的专著《中国人口思想史稿》中的估计为例：旧石器时代，世界人口百年增长率不超过1.5‰，新石器时代，世界人口百年增长率不超过4‰。原始社会时期，人口的死亡率可以高达50%，人口增长特点是高出生率、高死亡率、极低的增长率。据研究，原始社会阶段，人们的平均寿命只在20岁至30岁之间。因此，在远古的原始社会阶段，人的自身增殖，是关系到人类社会能否存续的根本大事、头等大事。

在有过这些考古资料铺垫后，再读恩格斯在《家庭、私有制和国家的起源》一书1884年序言中，关于早期人类两种生产的论述，其深刻思想是不言而喻的："……历史上的决定要素，归根结底，乃是直接生活的生产与再生产。不过，生产本身又是两重性的，一方面是生活资料食、衣、住及为此所必需的工具底生产；另一方面是人类自身底生产，即种的繁衍。"在生产工具原始、社会生产力低下的原始社会中，原始氏族、部落的成员，每天面对自然、社会的挑战，平均寿命既不高，婴幼儿死亡率又不低的情况下，追求较高的人口增长，保证所在族群的生存与发展，既渴望生活资料的顺利取得，又努力寻求后代子嗣的繁育，都是不难理解的。只是值得强调一句，原始先民面对的两种生产，实际又是互相关联，密切难分的。生活资料的获得与人口生产，彼此渗透、纠结在一起，不能分离的。可惜的是，在很长一个历史时段内，理论界相当一部分学者，强调的总只是物质资料生产一环，着重阐释说明的总是生产工具、生产力、生产关系、社会矛盾、阶级斗争。这是适应革命要求而形成的理论趋势，关注的主要是如何为政治斗争服务。而从精神文化领域各方面的创造、发展、进步去观察，没有疑问，只从这一方面去认识问题，明显会是不全面、欠准确，不足以揭示事物发展本来面貌的。原始思维、原始哲学、原始宗教、原始艺术……可以说，原始先民早期精神世界的所有方面，无不与寻求人类自身生产的事业息息相关。呼图壁康家石门子岩画，是有幸保留至今的一幅极为珍贵的画面，它具体显示了古代祖先为族体生存、发展而觅求人口繁衍，曾经付出的努力。

四 两性同体——一种婚姻形态记录

面对欧洲大地上数万件旧石器时代孕育形象的维纳斯，目验阿勒泰山中唐巴尔塔斯岩窟中硕大无比的女阴图像，大家都可以接受并理解：在人类历史早期，确实存在过一段十分漫长的群婚生活阶段。那时，人们只知道母亲，只知母亲在产育子嗣过程中的伟大奉献，并为此进行讴歌，而不知这一生命工程中，还有父亲的存在；到处都可觅见的木祖、陶祖、石祖、玉祖、铜祖暗示我们，随历史发展、社会进步，对偶婚、个体家庭出现，父亲的地位日益突显，与此共生的还有对家庭财富的保护，于是，父亲是“祖先”的概念，又渐渐渗入人类精神生活的骨髓。歌颂男性在人类生命繁衍中的奉献，赞美男性灵根的伟岸，甚至子女就藏身在男性胸腹中，只是通过与异性交合，才栽植进母体，逐渐孕育、成长。母亲，只是子女孕成的土地。呼图壁康家石门子岩刻画中，于此一端，有不少生动的刻凿。十分清晰、也十分张扬地强调：父亲、男性，是人类生命之源。每个站身在岩刻画面下的探访者，于此，都可以获得具体认识和亲切感受。

两个不同的历史发展阶段，人类对生命延续的感悟，截然不同。歌颂的对象、追求的社会秩序，也判然有别。这是不同时代的印记。

我们在这里须要求索的问题是：在康家石门子岩刻中，除对男性生殖功能的赞颂外，还有大量的另一种刻凿：两头（两性）同体。三头（两性）同体，两人并卧，多次着意强调的两名男子与一女性（两性三人）交合，这些画面，多处、反复出现，究竟表现着一种怎样的婚姻形态？保留的是一种怎样的时代印记？这是我们必须面对、不能疏忽、也不应回避的一个问题。

在原始人至母系氏族社会阶段，氏族外婚制，一个氏族的一群女性与相关婚姻氏族中一群男性，互为婚姻对象。外氏族的男性适时进入女性氏族内，完成婚媾任务。人们自然无法知道父亲是谁。在孩子的生活中，关系最密切的只有母亲及母亲的兄弟们，舅舅一辈。

进入父系社会阶段，随生产力发展，财富积累，有了对偶家庭，父亲与自己所出子女的关系是明确的。随着父亲在社会家庭中地位一步步增强，母亲在生育工程中的优势地位不再，平等地位也难保，而与父亲同等的男根崇拜，成了艺术创作中的主流。

这一过程，今天可以短短几句话带过，但在实际的历史进程中，却曾是一个漫长的发展过程。在父权制取代母权制的大变革中，应该有过一段缓慢的过渡期。这一过渡期的基本特点，在呼图壁双头同体、三头同体、两人并卧、三人交合画面、两性同体石雕中，可以得到体示，具体感受到这一历史变化的进程。形式逻辑的解析可以是：在代表了母权制的女阴崇拜转化为父权制实质的男根崇拜间，曾经有过一个过渡阶段，其特质是父系向母系抗争而慢慢赢得了自己在生育工程中的同等贡献、同等权利被承认。这一点通过画面简单地表现，就是“两性同体”。对这类文化现象，民俗学者龚维英曾提出过一个观点，“在由女阴崇拜向男根崇拜的转变期，中间曾有一个‘两性同体崇拜’阶段，这是父权代替母权斗争的产物”。从形式逻辑角度推理，这种推断可以成立。画面，是简单的；它不具有文字产生后细致说明的功能。但由女阴崇拜，变为两性同体，男性得到了相等的被女性认可的生育功能地位，自然不能不说是展示着女性一统地位的下降、没落；男性，在这一历史性变革中，已经取得了决定性的成功。

台湾学者寥成浩在《“双性同体”之梦》一文中，解析这类文化现象，观点近同：“双性同体的象征，在各民族的早期神话中常以‘神界理想’的方式，出现在其它世界神祇的身上。这些神祇，多半都具有男女双重的性特征，或至少兼有男女两性的能力，而可以不依赖异性创生。随着人类意识的发展，此类神逐渐一分为二，转变为兄妹神或夫妻神。文明进入父权社会以后，创世神就变成了纯男性。”

美国学者约瑟夫·甘伯在他《神的面具：西方的神话》一书中，分析西方文明的发展，论及创世神话时，认为大体经历过四个阶段：

1. 世界由无配偶的女神创生。2. 世界由女神受孕配偶创生。3. 世界由一男性战神自一女神躯体上打造而成。4. 世界由一男神独立创造。

在这个创造模式里，保留的历史印痕，是世界的创造者，最初是女性，中间是男女合力，最后则是男性主宰了一切。

从这样一种宏观的、历史性的背景上去认识康家石门子岩雕刻画面，我们不仅可以看到，这里多有所见的、在某种程度上可以说是居于相当重要位置的“两性同体”刻像，它不是孤立的、罕见的现象。呼图壁岩刻画的不朽奉献，就是以确定无误的画面，证明了原始社会阶段这一页历史的存在。画面清楚显示，在去今3000年左右的时段，新疆大地、天山内外的早期居民，就还处在这样一个历史变化进程中。这时，母权制已经败落，母亲，已被请下了神坛。一个新的观点，已成为了全氏族、部落的共识：子嗣生殖繁衍，并不只是母亲一方的功劳，而是男女两性交合的奉献。刻在呼图壁康家石门子石壁上的两性同体人形象，两性同体圆雕；正是康家石门子古代聚落群体中，男性公民取得的历史性胜利的颂歌，是他们取得完全胜利后的纪念碑。它不仅说明古代新疆居民，确实也曾经过这一历史发展阶段。而且通过岩画画面，为研究原始社会史的学者们留下了一幅珍贵的史页，为认识原始社会发展进程的人们，提供了难得的、十分具体的历史生活画面。较之晚出的任何文字、记录都要珍贵。

在康家石门子岩刻中，通过两性同体画面，不仅表现了创作者们这一历史的记忆；而且他们还试图进一步伸张男性的地位，通过男子胸腹中有小人的画面，向世界宣告：他们不仅在子嗣生育工程中，具有同等地位，而且，是他们决定着后代的繁衍：他们将体内的小人通过交合，栽植于女性腹腔，才得有新生命的产生！当然，这一虚妄、不实的宣言，更多的只是表示了男子在去今3000年前后的新疆呼图壁大地，已成了无可争议的社会生活中的主人，可以颐使气指，指挥一切了！

对岩刻画面上这几组图像，作如此解析，自然，也有原始社会史研究成果的支撑。

我国学者宋兆麟等自20世纪60年代至80年代，曾经多次进入云南、四川山区，对永宁、木里俄亚等地纳西族进行过比较深入的调查。在这片比较闭塞的山区，当年许多后进少数民族中，还保留着母系制残余，也有十分难得的向父系制过渡阶段的婚姻生活状态。这些地区，都是山高、林密，交通十分不便的所在，没有一周以上的艰苦徒步，很难进入相关村寨之中。相当艰苦的、持续多年的调查，自然得到了丰硕的收获。这就是他后来奉献给读者的《永宁纳西族的母系制》和《共夫制与共妻制》这两部书。书中不仅以文字，而且以珍贵的摄影画面，介绍了调查发现的社会生活情景。通过对一个又一个家族、共16个家族的成员，进行具体记录，包括家族世系的发展，十分清楚表明，当年纳西族中，还保留着原始社会母系氏族残余以及向父系氏族社会过渡的婚姻生活形态。在婚姻生活中，既有在泸沽湖地区，以母系为中心的走婚制（这种婚姻生活，不存在婚聚，以女性氏族为中心，由男性走访），也有以木里县俄亚地区存在的伙婚制、伙婚家庭（这种伙婚制，又有一夫多妻制下的姐妹共夫、朋友共夫、母女共夫；但以姐妹共夫为主体。还有一妻多夫制下的兄弟共妻、朋友共妻、舅甥共妻形式，但以兄弟共妻为主，两种婚姻形式并存。）这是母系社会向父系社会过渡中的婚姻生活实态。此外，更有第三种类型，出现了以父系为中心的一夫一妻制家庭。同一个地区内，存在着以母系为主、父系为主、双系并存三种形式。其中伙婚制的婚姻形式，十分值得关注。这种婚姻形式下，男女数量不等，性别比例不平衡，自然不能避免两性生活中有矛盾。于是，在实际生活中，又存在一种“安达”制度，作为婚姻生活的补充，以缓解矛盾。所谓“安达”，意为“可以同居的异性朋友”。男女双方，都可以有自己的“安达”，它与社会公认的各自的“丈夫”、“妻子”并存，同样得到社会尊重。区别只在于“安达”没有经济生活的基础，主要只是感情的支撑。当地群众的说法是“夫妻搭伙不同房，安达同房不搭伙”（搭伙，指共同的经济生活）。这种伙婚，实际上是从早期母系为中心的群婚，走向父系为中心一夫一妻制中间的过渡形态。“安达”则是姐妹共夫、兄弟共妻婚姻制度下的补充形式。这种伙婚制形态，在19世纪以前的太平洋夏威夷群岛中原住民的婚姻生活中，也曾见存在。美国人类学家摩尔根在其名著《古代社会》中，对此曾进行过介绍，“伙婚制家庭，这是由若干嫡亲的和旁系的姐妹集体地同彼此的丈夫婚配而建立的……都是一群男子与一群女子婚配”。男女群体内，彼此互称“普那鲁亚”，意为“亲密伙伴”。印度图达族人中，也曾流行一妻多夫制。一个女子通常和一家中的几个兄弟婚配。恩格斯在其名著《家庭、私有制和国家的起源》中，也说过这类婚姻形态。19世纪前，在南美各民族中，“群婚的遗迹还是没有完全消失”；在北美至少四十个部落中，可以见到“一整群姊妹共夫的遗风”。这清楚说明，这类共夫、共妻形式下的伙婚，绝不是孤例，而是母权制在走向瓦解、父系制又未完全确立自己统治地位阶段中间的一种过渡形式。从社会发展进程分析，有其自然、合理的基础。

“姐妹共夫”、“兄弟共妻”，这类早已消失在历史长河中的原始婚姻形态，与岩刻画面中两性同体、三人同体、两男一女交合画面，联系进行分析，若合符节。在印度洋上巴厘岛，土著居民的生活之中，对两性问题持有十分单纯的态度。他们心目中的爱神叫巴达拉·色马拉，就是一尊雌雄合体的雕像。人们虔信：它可以把两性交合的欢乐，同时赐给男人和女人。因此，每当热恋中的情侣结合为夫妇时，总要膜拜在这两性合体的爱神前，认为只有这样，他们才会感受到神授的完美。这一民俗文化习俗，更深一层揭示了两性同体雕像后面的精神。从这一端，更可以看出，康家石门子岩刻，还保留着并未见于文字记录的、古代西域大地上曾经有过的伙婚制的事实。呼图壁岩刻主人在创作这幅岩画时，对此还有着清晰的记忆。因此一端，更不能不说呼图壁岩刻是十分珍贵的、有实际生活根据的历史画面，它厚重的历史文化价值，确实不能轻估。

西南大山中的原始民族文化，19 世纪以前太平洋诸岛（包括夏威夷）土著居民中的婚姻生活状况，这些曾被文明社会视为落后的存在，实际展示着身处不同历史发展阶段的社会生活遗存。他们的共同点，是所处地区，都曾是交通不便，与外部世界联系比较困难的处所。也因此，其思想文化，往往就保存着极厚重、古老的传统。具有人类早期经济、文化生活的原生态，它是历史进程中的鲜活化石，展现着人类发展进步的轨迹。但总往往又会被向前迈过较远步伐的文明社会所不解，甚至不齿。以西南大山中居于后进状态的原始民族为例，《后汉书·西南夷传》中就说过他们“贵妇人，党母族”；周致中的《异域志》称罗罗族“以女人为首长，曰母总管”、“一人纳百夫为贵”；清朝道光时期《盐源县志》记“盐源恶习，女多不嫁”，本来是十分值得关注的母系社会遗风，却总被投之以异样的目光。呼图壁县天山深处岩壁上保留至今的岩刻，不仅可以看到进入以父系为权力中心后，对男子在家庭生活中地位的极力张扬，而且可以清晰感受到伙婚制形式的遗留。这里介绍的考古资料与民俗资料，时代差异巨大、空间距离遥远，但文化精神相同，可以彼此呼应、互为说明。在古代人类的婚姻生活中，既确实有过以母系为中心的群婚，也有至今仍张显其力量的以父系为中心的一夫一妻制家庭，其间，还曾有过以“安达”为补充的伙婚制。其发展，有前因，显后果。形式和平，但变化却极深刻。在其发展过程中，遵循着社会经济利益的要求，也没有忽视两性交合中必须有的感情基础，存在合理的内核。相关岩刻画面，就又为研究人类早期社会婚姻制度发展提供了难得的珍贵资料。从又一方面启示我们，研究历史、认识传统文化，除以已见诸著录、步入大雅之堂的时代精英们留下的文字为根据外，对这类深山荒野里少为人知的史迹，后进民族中的遗风，同样是不能轻忽、甚至是值得更加关注的资源。

五 艺术源自生活高于生活

文字，是人类步入文明的主要标志，文字的出现，在中国不过四五千年。而在这以前，人类在地球上的活动，却已有了二三百万年之久。对于人类历史上最初的几页，由于没有具体的文字记录，通过人类学、考古学的成果，虽可以大略把握早期人类活动、发展的轮廓，但许多的问题，终还是混沌不清，留下了无尽数的疑问和悬念。

在辽阔而苍茫的新疆大地，见诸文字的古代记录，较之国内中原地区，不仅更迟，而且十分稀少。有关她的历史文化面目，除十分少量的、距今两千年前的一星半点汉文资料外，本地土著居民的文字资料，最早，只是距今1700至1800年前的佉卢文，或较其更晚的梵文、和田文、龟兹文、粟特文、回鹘文等，这不能不极大地局限了我们对古代新疆历史文化真实面目的认识和了解，时时都能因此引发各方面的问题和遗憾。

如今，深深潜藏在天山幽谷中的康家石门子岩刻画被发现、并公之于世。这些画面，虽然不同于具体的文字记录，但是，拂去其上差不多积淀了3000年的历史尘埃，120多平方米的雕刻画面，显露出当年的文化面目，可以看到它无与伦比的、十分重要的、与历史档案记录相类的文化价值。由于它高悬在距地面10多米的峭壁之上，普通人手难及，虽有好事者或求增删，但却无能施其力；加之地处深山野谷，少有人烟，非专门追求，一般无人涉足于此。这环境、这高高在上的峭壁，于是成了自然的、但却又是有力的保护措施。使得这区大型岩雕刻画虽然经历了数千年的历史风云，除一点大自然侵蚀外，却终少人为的破坏，基本保留住了创作当年的本来面目。成为了如摄影、录像一样的资料，可以清楚显示他们当年描绘的人物活动的生动形象。这是一点不差于任何古朴文字记录的图像资料，同样能够清晰的叙述当年天山居民们在其中寄托的信念和追求！

画面虽只120平方米，人物不过300人，但它却有如一座凝固的历史舞台。通过一组组展开的画面，使一幕幕历史活剧的核心场景，定格在了舞台之上，显示了创作者当年曾有的追求、呼喊，说明了他们的祈求与欢乐。通过一组组画面，不仅可以透视他们的美学追求及在许多艺术领域中已经取得的辉煌成就，并且可以感受到他们虔诚奉行的信仰，以及在这一信仰的驱动下，通过舞蹈、雕刻、神话传说，巫术崇拜等手段去为相关信仰奋斗、搏战的顽强努力，从而也使后人得以寻求到原始思维活动的一些重要特征，触摸到原始宗教产生的历程，甚至3000年前古代天山儿女的形象，他们与周围地区的交通及文化联系，他们的生育观念及社会经济生活状况等。这一切，无不有力显示康家石门子峭壁上的这一大型雕刻画面，是当之无愧的新疆原始社会后期的一页思想文化史。它填补着因缺失文字记录的空白，在某些方面,甚至较简略的文字记录更为形象、有说服力。从这一角度看，真正是弥足珍贵，值得我们认真分析、研究。以恢复历史生活早期一些篇章的空白！

从岩画中一幅幅朴素的画面，我们可以强烈感受到一个唯物主义的真理：存在决定意识，艺术源自生活。

在原始先民的早期生活中，最大的存在，是恩格斯在《家庭、私有制和国家起源》一书中提示的两种生产的史实。物质生活资料的生产，人类自身的生产，是生存的基础，关系种群的延续、社会的发展。这一观点，是中国思想文化界早就了解、在字面上也十分熟悉的。

我国古代思想家——孟轲，在两千多年前，也曾经朴素的提出，人类面临的根本问题，一是食，二是色。“食、色，性也”。食，就是物质生活；色，是作为生物人对异性的需求，关系着人类自身的生产。

但在实际研究工作中，相当长时间内，对人类自身生产这一严肃课题，学术界实际是唯恐避之不远的。一段时间内，这个命题，甚至近乎成为了研究的禁区。

呼图壁康家石门子岩画，可贵之处在于以十分朴素、纯净的心灵，直面人类自身生产这一严肃问题。岩画创作者们，施展自身的聪明才智，通过艺术创作手段，显示了人们对自身生产这一严肃问题的思考。生动显示了他们曾通过原始宗教、巫术、舞蹈、绘画、雕塑等手段，以他们那个时代可以调动的所有潜能，为寻求人类自身生产，展开过十分真诚的努力。

我们在这小节文字中，只涉及艺术一环。不论是绘画、雕塑还是舞蹈（与此关联的应该还有不能具象显示的音乐，它与舞蹈实际是密不可分的）、岩画及两性圆雕造像，给我们的结论只能是：存在决定了意识，艺术源自于生活，因应时代、生活的召唤，表现了那个特定时代的强烈追求；不仅如此，相关创作又确实高于生活实际；舞女都是秀美的；男子虽粗犷，却都是健壮有力的；成行成列的小儿，欢乐地来到了人间，成为了新的社会一员……凡此，无不迸发着浪漫主义的火花，是高于现实生活的图景。在这一系列创造性的艺术活动中，画、舞、雕塑都有着不凡的成就。值得肯定，有可资继承的文化精神。

于是，可以展开的思路不少。这里，我们只从狭义的舞蹈史、绘画史研究观察。因为，能保留至今的原始社会绘画、雕塑、舞蹈形象资料，是少之又少的。从这一角度看康家石门子岩画，探索它在艺术史、舞蹈史研究中的价值，就弥足珍贵、具有不可轻估、难以取代的价值。

先从舞蹈史角度去探讨：场面如是宏大，内容如是丰富的多种舞蹈画面，为既往所不见。说它填补了中国舞蹈史研究中一页空白，揭示了原始舞蹈起源的本质，具有无可替代的学术研究价值，是并不为过的。因此，它在文化史上的地位，确无与伦比。

这里，不避粗陋，以一个完完全全的舞蹈艺术外行，面对岩刻画面，试为当年呼图壁先民的原始舞蹈列出一些节目：

举其大者。如：

1. 马祖舞

这是对岩刻右上角9名裸女围绕两组对马，面对1名裸体男子进行舞蹈的拟名。根据前文关于马祖崇拜以及籍祭祀马祖而祈求子孙繁衍的考释，可以判定，在古代相当广阔的一个地域范围内，如波斯、印度、中国新疆、内蒙古自治区以及江淮地区，原始社会的先民，都曾经持有相类、相近的信仰。并且，植根在这一信仰基础上，创作过以马祠、马祖祭祀为核心内容，以求子嗣生殖为目的、具有浓烈巫术色彩的马祖舞蹈。

从保留在呼图壁岩壁上的画面观察，舞蹈的成员是1名男子，9名女性。他们都裸体，男子、对马通体涂成朱红色。男子面向群女，虽居于一边，实际却是群女的中心。同样也处于舞蹈中心的是两组对马。在这里，马已经超脱了它的生物性特征，而成为了男性的代表。围绕对马舞蹈的群女，体现着氏族寻求多生多育的愿望，双手上下翻腾，两脚轻轻蹬踏，溢发着轻松、愉悦、欢快的感情。

2. 双人舞

这是以男女双人为一组的舞蹈。舞蹈中，男女两人对面相向，男子双手上下翻腾，下身躬曲，面对形体秀美的女性，动作热烈而欢快。女性的姿势有两种情态，一是以轻软、舒缓舞蹈动作相应，情绪愉悦；二是在适当节奏下作卧姿，隐喻交合。

这种双人舞，实际是模拟、表现着两性交合的生活。既歌颂两性交合行为的神圣，寄寓对后代子嗣生殖、繁衍的追求；同时，也通过这一内容的舞蹈娱神、示神，希望主宰生育的神灵通过这类舞蹈，上下感应，帮助虔诚的人们实现多生多育的祈求。

3. 生命欢乐舞

这是与双人舞密切相关的一组舞蹈。从画面看，是群聚的数十小人成行成列，秩序井然地循着一个方向，作十分强烈的欢腾的动作。他们上身极度前倾，腰部躬曲，臀部激烈的运动。场面宏大，情绪热烈、欢乐。这群集欢乐的场面，与男女交合的动作彼此连续。喻义在实现子嗣的大量增殖后氏族、部落中人们十分欢乐，故可命之为“生命欢乐舞”。

4. 兽面舞

是交合舞的一种。从岩刻画面观察，一猴面男性，除头戴双角尖帽、颈饰方形环圈，肘下、臀后还垂挂着象征男性生殖器的灵物，两手上下翻腾，躬腰屈腿，面对一呈上身后仰，双腿分曲的女性，彼此对舞。身姿明显呈两性交合的情状。

在知识未开的原始社会中，面对种种无法把握，但又影响着自身命运安排的因素，曾经有过种种无法尽说的禁忌。在狩猎、收获活动前，往往会禁止两性联系。而在狩猎、收获之后，这一禁忌解除，也会随来一段没有约束的两性之间的尽情欢悦，而导致整个部落的狂欢。现今仍在世界不少地区保留着的一年一度的“狂欢节”活动，大概就有着这方面的历史印痕。康家石门子岩画中的兽面舞形象，大概，就是表现着古代天山居民在这类禁忌转换过程中的表现与欢乐。

5. 狩猎舞

在岩刻画面的左上角，可清楚看到两头昂首挺立、阳具挺起的牡虎。一大一小，但都凛然不可侵犯。而在这两只牡虎四周，则可以隐隐看到埋伏着的猎手，他们手持弓箭，满弓待发。而牡虎则全然无觉。一无例外，虎的面部不作任何刻画，既不见眼、鼻，也不见口、耳。

这画面，透露对虎的诅咒。这里的虎当然不是生物意义上的普通野兽，而是与某一特定氏族或部落存在密切关系的图腾神。康家石门子的古代先民，祈望通过特殊的巫术诅咒，使虎图腾部落遭受苦难、失败。

通过这些舞蹈画面，我们可以探讨、认识原始舞蹈的起源、内在的精神。

关于舞蹈的起源，一般的、曾经影响至巨的观点是：它主要源自生产劳动实践。这方面柯斯文的观点是比较有代表性的。他在《原始文化》一书中，论及舞蹈的起源时，所持就是这样一种认识：舞蹈是一种艺术形式，而艺术起源于劳动实践。因此，舞蹈也同样源之于劳动实践。我国学者常任侠对此表述得更加清楚。他在《中国舞蹈史话》中说，"劳动也是一切艺术的源泉，其中包括舞蹈，在人类因劳动脱离类人猿的范畴时，人的舞蹈艺术也便开始形成，它随着人类的劳动进步而进步。随着人类社会的发展而发展，在各个时代形成各个不同的壮丽的优美的成果，而其所从出的源泉则是劳动。"

它们曾是一种有相当代表性的观点。当然，也足以概括、揭示相当数量的早期舞蹈画面的思想本质，应该受到注意。

但用这一观点检验康家石门子岩刻画中明显表现为舞蹈的种种场面，并进而分析其思想主题，探索其起源，则可以看到，它与上述结论是存在矛盾、并不能统一的。康家石门子岩壁画面中的舞蹈，赋予我们的，完全是另一种联想。在这里，满溢在舞蹈情节后面的情绪、思想、追求，只是对女性的赞美，对男子壮健体魄、力量的歌颂，对两性交合行为的极度肯定。植根在于对子嗣生育、种族繁衍的关心和祝愿，与物质生活的直接生产、劳动实践确实并不存在直接的干系。

这不能不导致一个明确的推论：在研究原始舞蹈、分析舞蹈艺术起源这类问题时，对生殖崇拜观念、相关精神文化在其中产生过的作用、决定性影响，是绝不能轻忽、低估的，必须正视、必须予以认真分析。

其实，在人类社会的早期是一点也不避忌谈“性”在人们生活中的地位的。生殖崇拜、两性生活，曾是人们思想观念中占有重要地位的信仰之一，它在原始宗教、原始艺术中都自然会有相当的表现，舞蹈不会，也不能例外。

普列汉诺夫在论及舞蹈艺术时，曾结论称舞蹈艺术与其他任何形式一样，“是人的生产活动在娱乐中、在原始艺术中的再现，艺术是生产过程的直接形象”。他在这里提到的“生产过程”如果理解为恩格斯的“两种生产”的概念，当然也是可以说得过去的。如果只是指物质生活资料生产一端而言，那么，这一分析也只能说是落入了片面，并不准确。

其实，涉及这一问题，国内有许多民间民俗舞蹈，国外不少原始土风舞蹈，都具有与呼图壁岩刻舞蹈相同的精神，相同的文化内涵。可以说，其中都同样渗透着早期人类共见的生殖崇拜的观念，表现着同样的历史文化精神。国内民族实例，前面曾略有涉及，手边有国外一些例子，可稍作参考。

德国学者格罗塞在其名著《艺术的起源》一书中，曾经介绍了澳洲土人华昌狄（Wachaudi）族的卡罗（Kaora）舞，就是颇为典型的一个实例。据介绍，舞会是在甘薯成熟之后第一届新月出来的时候举行的，先由男子们饮食宴会开始。于是舞会就在月光之下，四周围以灌木的凹地中举行起来。这里把围以灌木的凹地视为女性生殖器，投枪视为男性生殖器。男子们舞蹈中，把枪捣刺凹地，用最野蛮和最热烈的体势以表现他们性的兴奋。浸透着自然崇拜的精神，加上狂烈的表现性兴奋的体势，淋漓尽致的表现了原始人观念中的生殖崇拜，相当典型。把这样一个很好的表现生殖崇拜观念的原始舞蹈，贬斥讥讽为猥亵、下流，会与物质生产关联，实际是一种历史的误会，是驴唇不对马嘴的。

在非洲撒哈拉沙漠，一些处于原始生活阶段的部落中，也还保留着许多表现两性交合生活的舞蹈。当孩子成年时，要按男女分组，分别由父母亲带领，各用舞蹈的动作进行性知识的教育。教授完毕就意味着已经成年，然后要蒙覆大蟒皮跳一种性交舞。可以说，也是这方面的一个实例，表面是舞蹈，实质也是在于人们对子孙生殖的关心，与物质生产也是无涉的。

其他如非洲大地上流行的草裙舞，印第安人喜好的呼啦圈舞，夏威夷人的毛利舞等，差不多也都有这样的意味。

循着这一思路，再用心品味康家石门子岩刻上的舞蹈画面，应该说，它是古代呼图壁先民留给我们最为珍贵的文化遗产之一，揭示了原始舞蹈中明显存在的对人类自身生产事业的精神追求，别处难求、难见。任何一位关心人类早期文化史、舞蹈艺术史的学者，是没有理由不到这里礼拜、吸取相关营养的。舞蹈艺术，当年，曾紧密呼应了时代的要求，显示时代的精神，因此，它才具有强大的生命力。在这里，艺术愉悦了社会群体的身心，让人们享受到感情的快乐；同时，它又凝聚着积极地为社会奉献的精神，有着功利的追求。任何艺术，美术、音乐、神话故事、原始巫术等，其实都是与舞蹈一样，其原动力、其生命的活力，都是在这一核心精神笼罩之下的。

呼图壁康家石门子岩刻画，当之无愧，是难得保留至今的一座原始社会后期的艺术殿堂！满溢着原始文化的精神，富含历史文化的营养。值得我们珍视、贵重，使它可以长留人间，永葆其辉光。

后记

生殖崇拜，涉及面广，在人类早期思想文化史上的影响十分深远：以康家石门子岩画为切入点，可以展开的研究非常广泛。限于丛书体例、相关篇幅要求，也限于个人的知识素养，这本小书，只能就此暂时打住了。我相信，具有不同学科知识背景的读者们，只要走到呼图壁县天山深处，进入康家石门子岩刻前，静心观览，都会获得个人程度不等的心得，能从不同角度品味历史文化思想的灵光，有所获益。

从1987年在呼图壁友人寻引下，初识康家石门子岩画，至今已过去25年。25年中，在书籍的海洋中漫步，是生活的一大特点。这过程中，不经意间往往会在相关文字与呼图壁岩刻间，感受到精神的呼应。读《易经》《道德经》《诗经》多种民俗著述，个别的艺术史论著，甚至是人口、古代民族、欧亚历史文化研究的著述，突然间，往往会感应到康家石门子岩画文化散发的气息、触摸到它的文化精神。这是真实的体验。我想，人类文化的源头是相通的，文化发展的轨迹是连续的。康家石门子岩刻，虽僻处于中国西部、却又是亚洲中心地带。它凝集的是古代先民的精神文化，保留的是祖先们发自心灵深处的激情呼喊。这一文化精神，自然就是不朽的，在我们学习历史文化的旅途中，不经意间，会感到它的存在、它的召唤，这就成了很自然的一件事。

在个人感悟、学习康家石门子岩刻的过程中，不少师友的帮助难以忘怀，也值得一说。

彩色反转片，用这种片子，将画面放大到数十平方米，也不会走形。这就为呼图壁岩画留下了一份可以长存的资料。因为要不误出版社12月底前交出文、图稿的要求，他以周末两个休息天，驱车进入天山。其中一次正当寒流进入准噶尔，乌鲁木齐虽还晴好，天山中却已积雪盈寸。山路行车，坡陡路滑，但雪后风景难遇，所以仍是奋力前往。在一处岩坡峭壁折转处，为免滑向悬崖，只能不顾汽车安全向峭壁紧靠，一碰之下，汽车损坏不少，但摄影意念不减分毫。余刚，是学有所成、业有专攻的人才，摄影虽也专长，却并不是他的主业。只是出于介绍康家石门子岩画的热诚，才不计得失，不虑报酬，唯求有最好的摄影图像呈现于世，为人类古远文化留下一页真实。这自然是一种寻求事业的梦想！而任何事业的成功、发展，少了这样的为梦想奉献一切的勇敢前行者，都会是难望成功的。

最后，为这本小书，还应谢谢太山兄及责编肖尧、美编孙华巍等，没有他们几位的支持，尽心尽力，这件事情也是做不成、做不好的。为本书之摄影，除余刚外还有吴江、周建斌等多位，书此，聊文谢意。另外，这本书的出版也得到了呼图壁县文化体育旅游广播影视局和文物局的大力协助。

关于这本小书，我在相关问题上的学习、思考，不能不提近半个世纪风雨同舟的内人王路力。长时间中，她不仅广搜各种文献、著述，为我学习、研究备足精神食粮。进入具体写作时，又总与我同样辛苦。我的习惯是夜中入睡前，总会想着书中一些问题；入睡后，似仍在冥思苦索的过程中。凌晨起床，奋笔疾书，点滴收获均会泻入纸面；自然都是十分草、乱的文字。在她的帮助下，随即就会键入电脑之中。错字病句、前后文之重复，也是她每天纠偏、清错的内容。本书中不少素描图也是她细致认真描摹的作品。实事求是讲，这些年中，我的不少文字，确是两个人如是共同努力的成果。这本书，很小，也不一定可登大雅之堂。面临交出书稿刻盘，她辛劳、认真的画面，无怨无悔的付出，又呈现在了心头。书之于此，可稍求安慰。

古代先民在寻求人类自身生产事业中，曾经迸发的思想火花，散落在许多不同的环节、场合，成为人类早期思想文化史上的遗珍。认识其真谛，是不同学科研究者们共同面对的课题。我在这本小书中的点滴心得，不深刻，甚至偏颇处，会难以避免。凡此，真诚希望得到同道者们的批评、指正，助我在这一研究中继续前行，至祈至祷，幸不为忤。

初稿于 2011 年至 2012 年中，天山北麓，乌鲁木齐旧寓

定稿于 2012 年 12 月中，北京，中国人民大学静园